CODE VAGNON
Permis plaisance

option côtière

Conforme à la réglementation en vigueur

48e édition

Sous la direction d'André Néméta

VAGNON

Crédit photographique : © Vagnon © Fotolia.com © Shutterstock.com

Illustrations : © Lorenzo Timon

Extraits de la carte marine d'examen n° 9999 reproduits avec l'aimable autorisation du Service hydrographique et océanographique de la marine (SHOM).

ISBN N° 979-1-02710-112-2
Code MDS : VA00085N2
Tirage : 7e tirage / septembre 2019

Achevé d'imprimer en septembre 2019
Dépôt légal : avril 2016

SOMMAIRE

INTRODUCTION

Le *Code Vagnon Permis plaisance option côtière* vous propose une documentation complète et mise à jour sur le programme en vigueur, avec une présentation claire et didactique. Le mémento vous permet de réviser vos connaissances et de tester vos acquis.

Cette édition est l'outil indispensable pour préparer votre examen de code « option côtière » selon l'épreuve officielle : images projetées à l'écran, temps limité et boîtier de réponse individuelle, avec tirage aléatoire des questions.

30 questions ; 5 erreurs admises.

À l'issue de l'examen de code réussi, votre bateau-école agréé validera votre examen si vous savez réaliser les apprentissages pratiques du livret qui accompagnera votre formation que votre moniteur terminera ainsi.

Après validation, vous recevrez votre permis sous quinze jours.

GÉNÉRALITÉS

ORGANISATION DE L'EXAMEN

PRÉSENTATION

Le permis plaisance option côtière est obligatoire dès que la puissance du moteur excède 4,5 kW (6 CV). Il vous autorise à naviguer de jour et de nuit jusqu'à 6 milles d'un abri et sur certains lacs intérieurs « fermés » (lacs de grande surface sans accès possible à des fleuves ou des canaux permettant la navigation de commerce, le lac Léman par exemple) à condition de posséder à bord l'armement de sécurité obligatoire.

Un seul document regroupe maintenant tous les permis plaisance. Il comporte tous les permis obtenus. En cas de demande d'extension, il faut donc restituer l'ancien pour obtenir la version mise à jour.

Pour se présenter, il faut avoir 16 ans révolus au jour de l'examen. Un dossier d'inscription est à constituer comprenant :

- une demande selon un format réglementaire,
- une photo d'identité conforme à la norme ISO/IEC 19794-5 : 2005,
- les timbres fiscaux correspondant aux droits d'examen et de délivrance,
- une photocopie recto-verso d'une pièce d'identité,
- un certificat médical (valable 6 mois).

La signature d'un contrat avec l'établissement de formation est obligatoire.

Vous ne pouvez pas confier librement la barre à un équipier non titulaire du permis. Cependant, si vous avez votre permis depuis plus de 3 ans, une autorisation spéciale, non renouvelable, valable un an, pourra être obtenue auprès du Bureau des Affaires Maritimes, pour faire piloter sous votre surveillance, une personne âgée de plus de 16 ans, dans le cadre de la conduite accompagnée.

Le permis plaisance option côtière comprend :

- un examen théorique de 30 questions,
- un apprentissage pratique, qui sera validé par le moniteur professionnel de votre bateau-école sur un livret d'apprentissage sauf pour les titulaires d'un permis plaisance option eaux intérieures.

THÉORIE

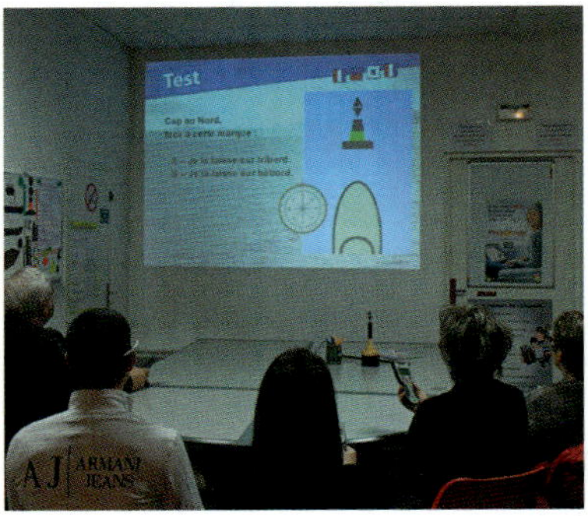

La formation théorique vous sera dispensée par votre bateau-école lors de cours en salle, dont **la durée sera au minimum de 5 heures.**

L'examen audiovisuel se déroule dans une salle « officielle » gérée par l'administration.

Votre bateau-école vous y inscrira. Vous devrez vous munir d'une pièce d'identité et de votre livret du candidat (sauf candidat déjà titulaire d'un permis plaisance).

Cet examen de 30 questions est projeté dans la salle d'examen, où seuls les candidats sont admis. Vous répondrez au QCM (Questionnaire à Choix Multiples) à l'aide d'un boîtier électronique, dont l'utilisation très simple vous sera démontrée préalablement. Vous aurez 20 secondes pour répondre à chaque question (attention : certaines questions comportent deux bonnes réponses) et 5 erreurs seront admises.

À la fin du test, votre résultat vous sera communiqué instantanément et reporté sur votre livret du candidat.

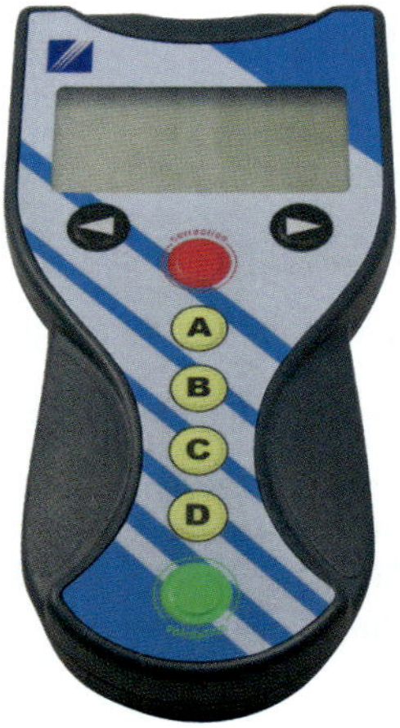

Boîtier électronique de l'examen.

PRATIQUE

Elle est dispensée par un établissement agréé (bateau-école) conformément aux objectifs pédagogiques du livret du candidat.

Cette formation dure 3 h 30 au minimum. Elle comprend :
- **une partie théorique, qui peut être collective (durée : 1 h 30),**
- **une partie individuelle, à la barre du bateau (durée : 2 h).**

Cette formation peut être commencée avant le passage de l'examen théorique et la validation finale ne peut être enregistrée qu'après réussite à l'examen théorique.

En cas d'échec à l'examen théorique, il faut présenter une nouvelle demande d'inscription comportant les timbres fiscaux pour avoir droit à un nouveau passage de l'épreuve.

En cas de litige entre le bateau-école et le candidat, c'est au service instructeur (organisateur de l'examen théorique) qu'il convient de s'adresser.

LIVRET DU CANDIDAT

Il est obligatoire pour suivre la formation et il constitue le document officiel qui suivra votre progression et attestera de vos réussites.

Le bateau-école d'inscription conservera 5 ans la preuve de votre apprentissage.

Des agents publics peuvent procéder au contrôle de l'application des programmes, vous devez donc avoir ce livret avec vous au cours des formations.

Vous trouverez également dans ce livret de nombreux renseignements pour votre future vie de plaisancier.

Livret du candidat.

18 OBJECTIFS

Cette formation comporte 5 thèmes. Pour chacun des thèmes, le formateur se conforme à la démarche pédagogique du livret d'apprentissage.

THÈME N° 1 : LA SÉCURITÉ DU PLAISANCIER

- **OBJECTIF N° 1 :** assurer la sécurité individuelle.
- **OBJECTIF N° 2 :** assurer la sécurité collective.
- **OBJECTIF N° 3 :** connaître les règles élémentaires de l'usage des moyens de communication embarqués.

THÈME N° 2 : LES INCONTOURNABLES DU PLAISANCIER

- **OBJECTIF N° 4 :** décider de l'opportunité de la sortie en fonction d'un bulletin météorologique.
- **OBJECTIF N° 5 :** respecter le balisage et identifier les obstacles sur une zone de navigation.

THÈME N° 3 : LES RESPONSABILITÉS DU PLAISANCIER

- **OBJECTIF N° 6 :** être responsable de l'équipage du bateau.
- **OBJECTIF N° 7 :** utiliser à bon escient les moyens de détresse.
- **OBJECTIF N° 8 :** respecter le milieu naturel.

THÈME N° 4 : LA CONDUITE DU BATEAU

- **OBJECTIF N° 9 :** maîtriser la mise en route du moteur.
- **OBJECTIF N° 10 :** maîtriser la trajectoire.
- **OBJECTIF N° 11 :** maîtriser la vitesse.
- **OBJECTIF N° 12 :** maîtriser l'arrêt de la propulsion.
- **OBJECTIF N° 13 :** maîtriser la marche arrière.
- **OBJECTIF N° 14 :** maîtriser l'utilisation des alignements.

THÈME N° 5 : LES MANŒUVRES DU BATEAU

- **OBJECTIF N° 15 :** arriver et partir d'un quai.
- **OBJECTIF N° 16 :** prendre un coffre.
- **OBJECTIF N° 17 :** mouiller/ancrer.
- **OBJECTIF N° 18 :** récupérer une personne tombée à l'eau.

VOCABULAIRE ET NOTIONS DE BASE

ABATTRE

Changer de cap en s'éloignant du lit du vent (voilier).
Par analogie : s'écarter (navire à moteur).

ABRI

Endroit de la côte où tout engin, embarcation ou navire et son équipage peuvent se mettre en sécurité en mouillant, atterrissant ou accostant et en repartir sans assistance. Cette notion tient compte des conditions météorologiques du moment ainsi que des caractéristiques de l'engin, de l'embarcation ou du navire.

Un navire porteur est considéré comme un abri pour son annexe.

ALIGNEMENT

Ligne déterminée par 2 phares ou 2 amers. On est aligné quand on les voit l'un derrière l'autre.

AMER

Repère caractéristique sur la côte ou dans le paysage marin et figurant sur la carte (ex. : clocher, tour, bâtiment isolé).

AMURE
Bord sous lequel un voilier reçoit le vent.

ATTERRIR
Se rapprocher suffisamment de la côte pour permettre le débarquement ou l'embarquement.

BÂBORD (BD) ET TRIBORD (TD)
Bâbord : tout ce qui est à gauche du navire quand on regarde vers l'avant de celui-ci.
Tribord : tout ce qui est à droite du navire quand on regarde vers l'avant de celui-ci. On peut associer ces deux termes au mot « batterie » : BÂbord est à gauche, TRIbord à droite (BÂ-TRI).

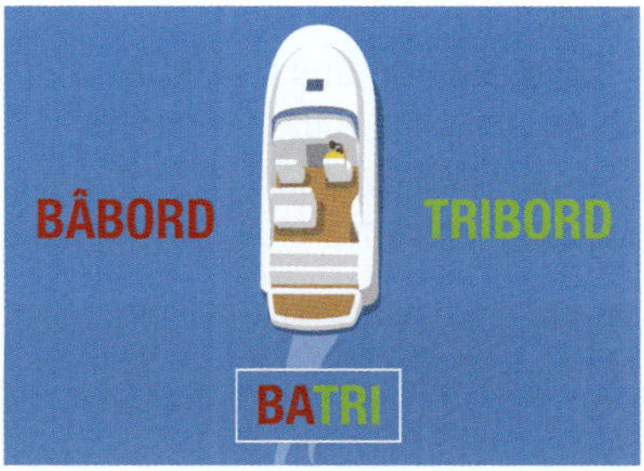

BATTRE
Faire tourner l'hélice (ex. battre en arrière).

BOUÉE (DE BALISAGE)
Signal de balisage flottant, relié au fond par une chaîne.

CAP
Angle que fait l'axe longitudinal du navire avec la direction du Nord.

CHENAL
Passage le plus profond (entre des îles ou dans un estuaire, par exemple) que peuvent suivre les navires.

COEFFICIENT DE MARÉE
Chiffre qui détermine l'importance de la marée et qui varie de 20 à 120. Plus il est élevé, plus le courant est fort.

COMPAS
Équivalent dans son principe à la boussole, il sert à indiquer la direction suivie. Il comporte un barreau aimanté solidaire d'une rose graduée portant les 4 points cardinaux.

DEGRÉ

La 360e partie d'une circonférence.

DÉRIVE

Action du vent ou du courant qui écarte le navire de son cap. Elle est tribord ou bâbord suivant que le navire se déporte sur la droite ou sur la gauche.

ERRE

Vitesse acquise due à l'inertie. Un bateau qui avance grâce à son moteur ou à ses voiles fait route avec erre.
Lorsqu'il débraye mais qu'il continue d'avancer, on dit qu'il court sur son erre.
Lorsqu'il n'avance plus, on dit qu'il est stoppé sans erre.

En route avec erre.

Stoppé sans erre.

ESPAR

Pièce de bois (ou de composite) d'un navire à voile (mât, tangon, bôme).
Par extension : pieu portant un signal de balisage.

ESTRAN

Zone battue par les marées (gris-vert sur les cartes).

ÉVITER (ZONE D'ÉVITAGE)

Espace balayé par un navire tournant autour de son ancre.

FLÔT

Période pendant laquelle le niveau de la mer monte.

GISEMENT

Angle formé par l'axe d'un navire et la direction d'un amer observé.

JAUGE

Volume du bateau exprimé en tonneaux.

JUSANT

Période pendant laquelle le niveau de la mer descend.

LATITUDE ET LONGITUDE

La latitude est l'angle en degrés, minutes entre l'équateur et un point du globe, mesuré sur le méridien de ce point (0 à 90° N ou S). La longitude est l'angle en degrés, minutes entre le méridien origine (Greenwich) et le méridien d'un point du globe (0 à 180° E ou W).

Les cartes marines sont orientées Nord en haut et publiées à une échelle donnée.

Tous les méridiens ont une longueur égale à celle d'un grand cercle de 40 000 km autour de la Terre passant par les pôles. C'est aussi 360° d'arc, donc un degré d'arc mesure :

40 000/360 = 111,111 km

La minute d'arc, 1/60e du degré, est mesurée sur un méridien.

111 111 m/ 60 = 1 852 m

Sur l'échelle verticale des latitudes (méridiens), 1 mille marin (1 852 m) équivaut à 1 minute d'arc.

L'échelle horizontale est celle des longitudes (parallèles).

L'égalité minutes/milles n'est pas vérifiée sur l'échelle horizontale qui représente des cercles de diamètres variables sur le globe terrestre.

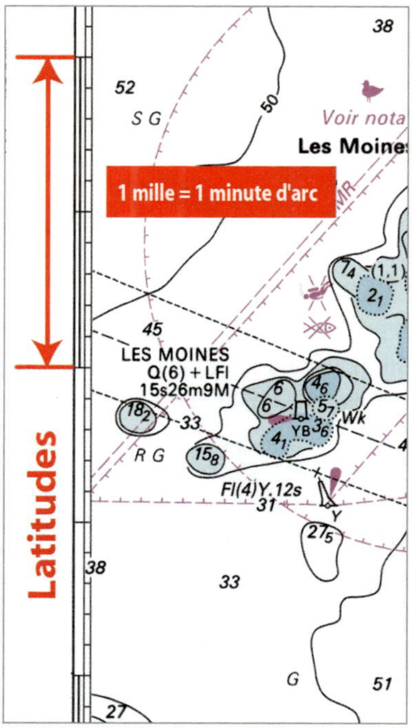

LIGNE DE MOUILLAGE
Ensemble composé d'une ancre, d'une chaîne et d'un câblot.

MARÉE
Mouvement montant et descendant des mers et des océans.

MARNAGE
Différence de niveau entre une pleine mer et une basse mer consécutive.

MARQUE (DE BALISAGE)
Terme désignant l'ensemble des signaux de balisage (balises, tourelles, bouées).

MILLE (ABRÉVIATION : M)
Le mille marin (ou mille nautique) mesure 1 852 mètres.
1 M = 1 minute d'angle de latitude.

MORTES EAUX
Marée dont le marnage est faible.

MOUILLÉ
Un navire est mouillé quand il est retenu, immobilisé par son ancre. On parle de mouillage forain quand il n'y a ni quai, ni ponton. L'amarrage se fait alors sur une bouée ou sur une ancre.

NŒUD (ABRÉVIATION : ND)
Unité de vitesse égale à un mille à l'heure.

PARER UN DANGER
L'éviter, en s'en écartant.

POUPE
Arrière d'un navire.

PROUE
Avant d'un navire.

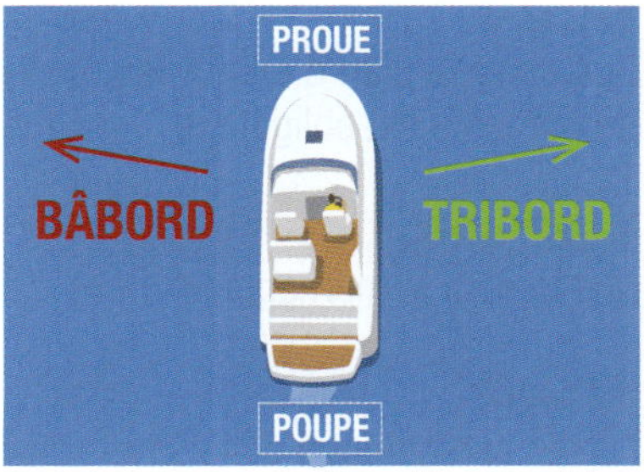

RELÈVEMENT
Angle mesuré à l'aide d'un compas de relèvement entre la direction du Nord et un amer (phare, bouée…).

ROUTE
Tracé du déplacement d'un navire.

ROUTE (FAIRE)
Un navire fait route lorsqu'il n'est ni à l'ancre, ni amarré à terre, ni échoué.

SECTEUR (DE FEU)
Arc d'horizon de visibilité d'un feu de navire, exprimé en degrés.

TIRANT D'AIR
Hauteur maximum de la partie émergée d'un bateau.

TIRANT D'EAU
Hauteur de la partie immergée d'un navire.

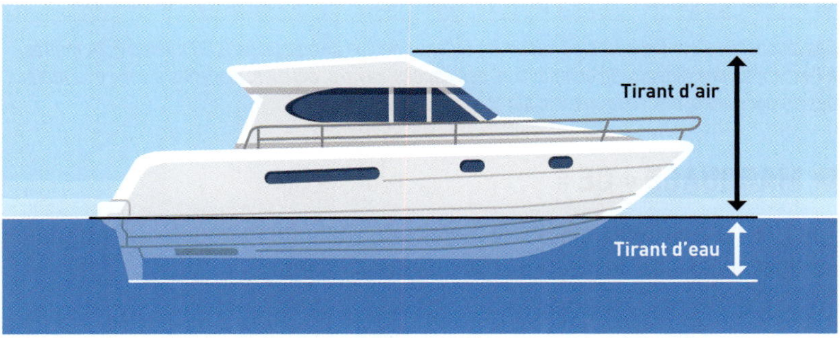

TRAVERS
Direction perpendiculaire à l'axe longitudinal d'un navire.

VEILLER
Surveiller le plan d'eau et les obstacles. En cours de navigation, une veille permanente est obligatoire.

VIVES EAUX
Marée dont le marnage est élevé.

VOYANT
Forme géométrique distinctive utilisée pour l'identification d'une marque de balisage.

CATÉGORIES ET IMMATRICULATION

CATÉGORIES DE CONCEPTION

Elles sont définies en fonction de la capacité du bateau à résister à un état de la mer défini par la force maximale du vent (sur l'échelle de Beaufort) et la hauteur significative des vagues (en mètres).

Ces catégories sont au nombre de quatre :

Catégorie	Force du vent (échelle de Beaufort)	Hauteur des vagues
A (en haute mer)	plus de 8	vagues de plus de 4 m
B (au large)	jusqu'à 8 compris	jusqu'à 4 m compris
C (à proximité de la côte)	jusqu'à 6 compris	jusqu'à 2 m compris
D (en eaux protégées)	jusqu'à 4 compris	jusqu'à 0,5 m compris

Ces dispositions sont applicables à tous les bateaux définis ci-dessus de 2,50 mètres à 24 mètres, à l'exception des bateaux de compétition, des canoës-kayaks, pédalos, planches à voile et à moteur, des aéroglisseurs, des sous-marins, etc.

MARQUAGE « CE »

Tous les navires neufs mis sur le marché doivent être marqués « CE » (normes européennes) sous la responsabilité du constructeur.

PLAQUE SIGNALÉTIQUE

Cette plaque comporte :
- le nom du constructeur,
- le modèle,
- la catégorie de conception,
- la charge maximale,
- le nombre maximal de personnes à bord,
- la puissance maximale du moteur admise.

IMMATRICULATION

L'immatriculation délivrée avec la carte de circulation doit être portée sur la coque des 2 côtés et à l'arrière du navire. Elle comporte 3 lettres (initiales du quartier maritime) et 5 chiffres.

PIÈCES ADMINISTRATIVES À POSSÉDER À BORD D'UN NAVIRE DE PLAISANCE À MOTEUR

PERMIS DE CONDUIRE

Le permis plaisance option côtière.

TITRE DE NAVIGATION DU NAVIRE

- Carte de circulation si le navire mesure moins de 7 mètres de longueur. Sur cette carte figure l'immatriculation du navire (ex : MA E36208).
- Un navire immatriculé en mer peut emprunter les voies navigables intérieures. Son pilote doit alors être titulaire d'un permis plaisance « eaux intérieures » (sauf sur certains lacs réputés « fermés » où le permis côtier reste valable (ex : lacs d'Annecy, Hourtin…).

- Acte de francisation si le navire dépasse 7 mètres de longueur. Ce document est aussi exigé pour les navires de moins de 7 mètres se rendant à l'étranger par la voie maritime hors zones de la CE, et pour les navires de moins de 7 mètres équipés d'un moteur de 22 CV fiscaux et plus.

AUTRES DOCUMENTS

- Pour les navires marqués « CE », le manuel du propriétaire, établi par le constructeur comporte la catégorie de conception, la charge maximale, la puissance maximale de propulsion, le nombre maximal de personnes admissibles à bord.
- Contrat de location (si le navire est loué) ou attestation du propriétaire (si le navire est prêté).

RESPONSABILITÉS DU CHEF DE BORD

Le chef de bord est celui qui exerce le commandement et en assure les responsabilités.

La responsabilité du chef de bord commence avant l'appareillage, avec l'obligation :

- de s'assurer que toutes les conditions de sécurité sont remplies à bord (matériel de sécurité, état du moteur et du bateau, nombre de passagers conforme à la plaque signalétique, etc.),
- de prendre connaissance du Registre de Vérification Spécial du bateau,
- de vérifier le niveau de carburant,
- de consulter la météo,
- de prévenir quelqu'un à terre (capitainerie, famille, etc.) de ses intentions de sortir et de son itinéraire.

Il doit impérativement vérifier la présence et la conformité du matériel de sécurité même si le bateau a été prêté. Il doit également :

- respecter la police de la navigation,
- respecter le Règlement International pour Prévenir les Abordages en Mer (RIPAM),
- utiliser les feux et les signaux adéquats,
- décider des routes à suivre,
- éviter les abordages.

Lors d'un contrôle, il doit présenter la carte de circulation ou l'acte de francisation du navire et son permis plaisance en eaux maritimes.

Celui qui loue un bateau n'en est pas automatiquement le chef de bord. Pour cela il faut être titulaire du permis.

BONNES ATTITUDES

- C'est le chef de bord qui décide de faire porter les gilets de sécurité selon les conditions de navigation.

- Il peut également embarquer du matériel de sécurité complémentaire.

- En cas d'accident (y compris corporel), le chef de bord doit déposer un rapport de mer auprès des Affaires maritimes.

- En cas de perte du bateau, il doit prévenir les Affaires maritimes (et la douane si le bateau est francisé).

- En cas de chute à l'eau d'une personne, le chef de bord doit la surveiller ou désigner un équipier pour le faire. Cette mesure est indispensable pour la localiser, surtout en cas de mer formée. S'il la perd de vue, il doit alerter immédiatement le CROSS et commencer les recherches.

SANCTIONS

En cas d'infraction grave le permis plaisance peut être retiré temporairement ou définitivement.
Les sanctions possibles sont les suivantes :

- amende de 1re classe (38 €) : non-présentation immédiate du titre de conduite,
- amende de 4e classe (750 €) : non-présentation dans un délai de 5 jours des documents administratifs,
- amende de 5e classe (1 500 €) : violation du décret ou conduite malgré un retrait de permis temporaire ou définitif.

ACTIVITÉS NAUTIQUES

ENGINS DE PLAGE

Les engins de plage comme les pédalos ou encore les paddles ne doivent franchir la limite des 300 m et n'ont pas d'armement particulier.

SPORTS NAUTIQUES

Sont considérés comme sports nautiques :

- le ski nautique,
- les engins pneumatiques tractés,
- le wakeboard,
- la planche à voile,
- le kite surf,
- le canoë,
- etc…

Ces activités ne peuvent être pratiquées que de jour seulement, par temps clair et dans des zones délimitées.

SKI NAUTIQUE

Deux personnes doivent obligatoirement se trouver à bord du bateau tracteur. **L'une d'elle doit se consacrer exclusivement à la conduite et l'autre à la surveillance du skieur.**

Les personnes titulaires du brevet d'État de ski nautique ou d'un brevet professionnel peuvent être seules à bord.

Le bateau tractant un skieur nautique ne bénéficie d'aucun privilège supplémentaire pour ce motif, que ce soit vis-à-vis d'un autre bateau à moteur ou de tout type de navire. Des couloirs balisés sont prévus pour les départs et arrivées. Les bateaux tracteurs et les skieurs ne doivent pas s'approcher, lors de leurs évolutions, des baigneurs et des autres embarcations.

Le skieur et les passagers du bateau tracteur doivent porter un équipement individuel de flottabilité.

ENGINS PNEUMATIQUES TRACTÉS

Deux personnes doivent se trouver à bord du bateau tracteur, l'une se consacrant à la conduite et l'autre à la surveillance de l'engin tracté et au largage éventuel de la remorque.

Les personnes à bord de l'engin tracté doivent porter des gilets de sauvetage.

Le bateau remorqueur doit montrer une flamme fluorescente orange de 2 mètres, très visible.

Le câble de remorquage doit être de couleur vive et flottant.

Le navire tracteur doit pouvoir embarquer à son bord la totalité des personnes transportées par l'engin tracté, en plus de son équipage, et disposer d'un moyen d'accès adéquat.

PLANCHE À VOILE

Les planches à voile (et kitesurf) sont assimilées aux voiliers et sont soumises aux règles applicables aux voiliers. Elles sont privilégiées par rapport aux bateaux à moteur et aux véhicules nautiques à moteur.

Dans la zone basique (à moins de 2 milles d'un abri) elles sont soumises aux règles de sécurité de cette zone.

VÉHICULES NAUTIQUES À MOTEUR (VNM)

Les véhicules nautiques à moteur (scooters des mers, motos de mer, planches à moteur, d'une puissance propulsive de plus de 3 kilowatts, soit 4 CV) **sont considérés comme des navires à moteur pour les règles de barre et de route, et doivent donc appliquer les règles de circulation propres aux navires à moteur et observer les priorités dues par ces navires.**

Les véhicules nautiques à moteur ne peuvent évoluer que de jour. Le pilote doit être titulaire du permis plaisance option côtière sauf s'il est dirigé par un moniteur diplômé accompagnant 4 VNM au maximum.

Ils doivent respecter la vitesse dans la bande littorale des 300 m et il leur est interdit de naviguer à l'intérieur des zones délimitées à l'exception des chenaux d'accès aux ports et des zones ou chenaux prévus.

Ils doivent posséder un anneau et un cordage permettant le remorquage et leurs utilisateurs doivent porter en permanence un gilet ou une brassière de sauvetage, et disposer d'un moyen de repérage lumineux.

VNM EN POSITION DEBOUT

Ils peuvent s'éloigner jusqu'à **2 milles d'un abri.**

VNM EN POSITION ASSISE

Ils peuvent s'éloigner jusqu'à **6 milles d'un abri.**

ANNEXE

Une annexe est utilisée pour rejoindre un navire au mouillage, ou inversement la plage. Au-delà d'une navigation à plus de 300 m d'un abri ou du navire porteur, chaque équipier doit porter une brassière de sauvetage équipée d'un moyen de repérage lumineux.

ENGIN À SUSTENTATION HYDROPROPULSÉ

Sa navigation ne doit pas excéder 2 milles d'un abri.

En plus de la dotation basique, il doit montrer le pavillon alpha et porter un casque.

PÊCHE DE LOISIR

La pêche de loisir peut se pratiquer de jour comme de nuit mais elle est interdite dans les ports.

La pêche de loisir est soumise aux mêmes dispositions que celles applicables aux pêcheurs professionnels en ce qui concerne la taille minimale des captures autorisées, les caractéristiques et les conditions d'emploi des engins de pêche utilisés. **Le produit de la pêche ne peut en aucun cas être vendu.**

Le plaisancier pratiquant la pêche de loisir doit pour certaines espèces, couper la partie inférieure de la queue du poisson ou du crustacé et respecter les arrêtés de pêche, les zones et les périodes réglementées.

Il peut disposer de 2 casiers réglementaires, au plus.

Sur la carte marine, l'interdiction de pêcher est symbolisée par :  .

La zone réservée dans un port aux pêcheurs professionnels est symbolisée par :  .

PÊCHE SOUS-MARINE DE LOISIR (CHASSE SOUS-MARINE)

Il faut être âgé de plus de 16 ans pour pratiquer ce loisir qu'il est interdit de pratiquer la nuit.

Tout équipement respiratoire (autonome ou non) permettant de respirer sans remonter à la surface est interdit (bouteilles, scaphandre) et la détention simultanée, à bord d'une embarcation d'un fusil lance harpon et d'un appareil respiratoire (bouteilles) pour la pêche sous-marine est interdite.

PLONGÉE SOUS-MARINE

Les plongeurs sous-marins doivent être signalés par l'un de ces 3 pavillons. De nuit, un bateau encadrant des opérations de plongée se signale par un feu : rouge, blanc, rouge.

À la vue d'un de ces signaux, le plaisancier doit naviguer avec précaution et passer à 100 mètres au moins.

PICTOGRAMMES ET ZONES

	Autorisation	Interdiction
Embarcations de sport ou de plaisance		
Navires à moteur		
Navires à voile		
Planches à voile		
Ski nautique		
Bateaux ni motorisés ni à voile		
Baignade		
Véhicules nautiques à moteur (VNM)		
Vitesse limitée à 5 nœuds		

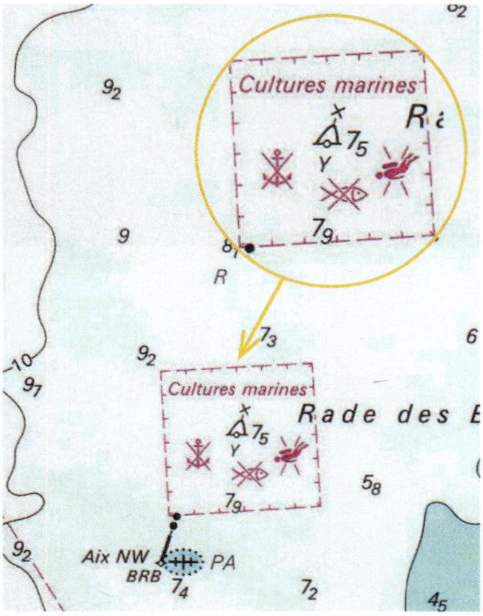

Avant toute pratique d'une activité nautique, il est impératif de vérifier sur un document nautique, comme une carte marine, si la zone est autorisée.

Exemple de panneaux réglementant la pratique d'activités nautiques.

NAVIRES DE MER

Le terme navire désigne une embarcation utilisée pour la navigation maritime.

DÉFINITIONS

Navire non maître de sa manœuvre

C'est un navire qui ne peut plus manœuvrer suite à une avarie importante.

Navire à capacité de manœuvre restreinte

Navire qui manœuvre avec difficultés (câbliers, baliseurs, dragueurs de mines, etc.).

Navire handicapé par son tirant d'eau

Navire qui en raison de son tirant d'eau et de la profondeur disponible peut difficilement manœuvrer.

PLAISANCE

Les navires de plaisance sont autorisés à naviguer jusqu'à des distances variables (2, 6 ou au-delà de 6 milles) en fonction de leurs aptitudes à naviguer et de l'armement de sécurité.

Quelles que soient leurs dimensions tous les bateaux de plaisance sont des navires. Les VNM (Véhicules nautiques à moteur) ne sont pas considérés comme des navires sauf pour les règles de barre et de route.

PROFESSIONNELS

NAVIRES DE COMMERCE

Cargo, pétrolier, porte conteneur, etc.

NAVIRES DE PÊCHE

Chalutier tractant un chalut (filet de grandes dimensions).

Autres bateaux de pêche.

NAVIRES À PASSAGERS

Ils sont destinés principalement aux croisières.

CAR-FERRIES ET NAVIRES MIXTES

Ils assurent des services réguliers de transport de fret et de passagers.

NAVIRES SPÉCIAUX

NAVIRES EFFECTUANT DES TRAVAUX EN MER

Par exemple, les navires du service des Phares et Balises qui assurent la mise en place et l'entretien des balises.

NAVIRES MILITAIRES

Ils sont aussi appelés bateaux gris.

REMORQUEURS PORTUAIRES

Ils assistent les grands navires dans leurs manœuvres portuaires.

REMORQUEURS DE HAUTE MER

Ils surveillent la navigation et portent également assistance.

BATEAUX-PILOTES

Les grands navires doivent être accompagnés d'un bateau-pilote pendant les manœuvres portuaires.

NAVIRES DE L'ADMINISTRATION

Les Affaires Maritimes traitent de la Sécurité et de la Sûreté Maritime, de la Plaisance et des Loisirs Nautiques, des Métiers des Gens de Mer, et de la Flotte commerciale sous pavillon français.

Les navires de la Police et de la Gendarmerie maritime veillent au respect des lois et au maintien de l'ordre.

Les navires des douanes complètent le dispositif de la Police et de la Gendarmerie.

NAVIRES DE LA SNSM (LA SOCIÉTÉ NATIONALE DE SAUVETAGE EN MER)

La SNSM est une association composée de bénévoles. Sa flotte se compose de canots tous temps, de vedettes et de pneumatiques. Elle intervient sur ordre du CROSS.

Elle a pour vocation de secourir les vies humaines en danger en mer et sur les côtes françaises. Si ses actions de secours sont gratuites, elles ont néanmoins un coût important dont le financement dépend des dons publics.

MARQUES DE JOUR

Certains navires portent des marques le jour (mouillage, privilège, etc.) et de nuit, ils s'éclairent par des feux.

Les marques sont toujours noires et il en existe 3 formes :

- les boules (60 cm de diamètre),
- les cônes (hauteur égale au diamètre de 60 cm),
- les cylindres (1,20 m hauteur).

Ces dimensions peuvent être réduites pour les navires de moins de 20 mètres. Des informations peintes sur la coque du navire, peuvent préciser son rôle (ex. : navire pilote).

NAVIRE À VOILE FAISANT ROUTE À LA VOILE ET AU MOTEUR

1 cône noir pointe en bas.

NAVIRE NON MAÎTRE DE SA MANŒUVRE (EN ROUTE AVEC ERRE)

2 boules noires.

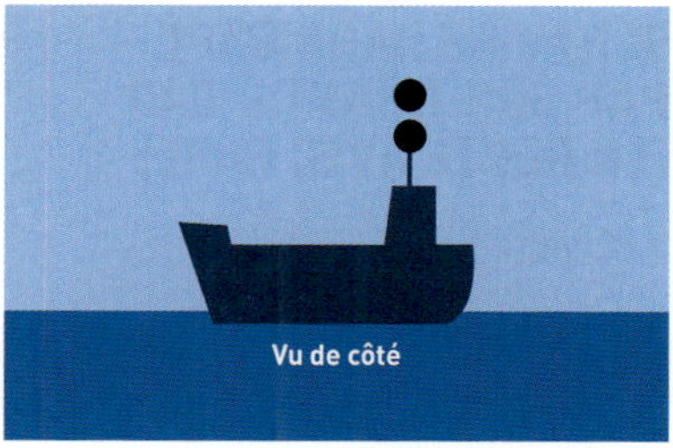

NAVIRE À CAPACITÉ DE MANŒUVRE RESTREINTE (EN ROUTE AVEC ERRE)

1 bicône entre 2 boules noires.

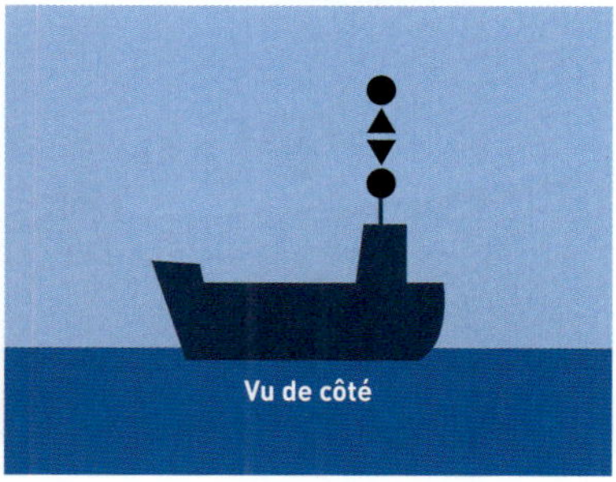

NAVIRE À CAPACITÉ DE MANŒUVRE RESTREINTE AVEC OBSTRUCTION (EN ROUTE AVEC ERRE)

- 1 bicône entre 2 boules noires.
- 2 boules noires du côté de l'obstruction.
- 2 bicônes superposés du côté libre.

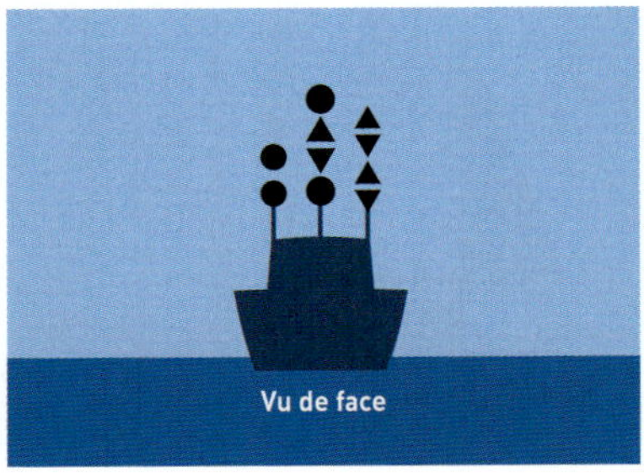

NAVIRE HANDICAPÉ PAR SON TIRANT D'EAU (EN ROUTE AVEC ERRE)

1 cylindre noir.

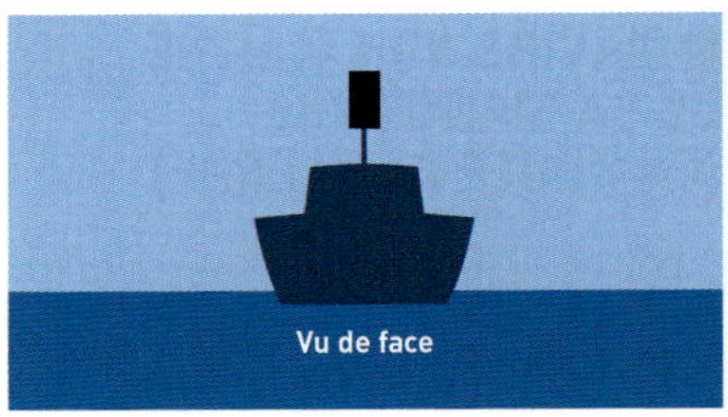

CHALUTIER ET AUTRES NAVIRES DE PÊCHE (EN ROUTE AVEC ERRE)

2 cônes opposés par les pointes.

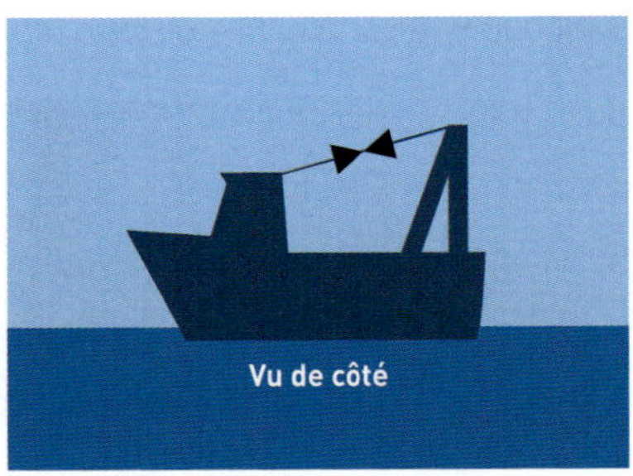

BATEAU-PILOTE

« Pilote » peint sur la coque.

REMORQUEUR (AVEC REMORQUE SUPÉRIEURE À 200 M)

1 bicône sur le remorqueur et le remorqué.

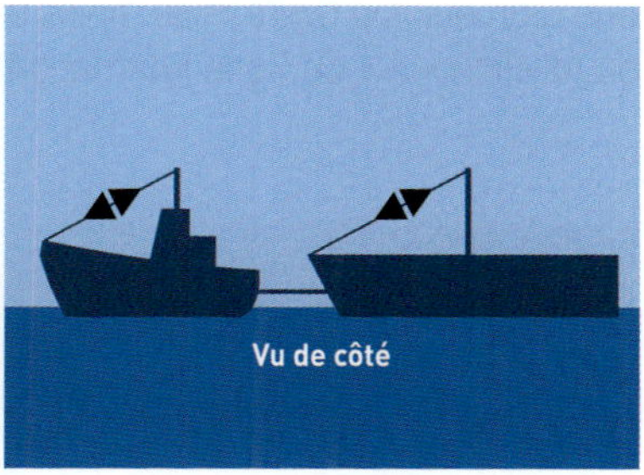

NAVIRE AU MOUILLAGE

1 boule noire.

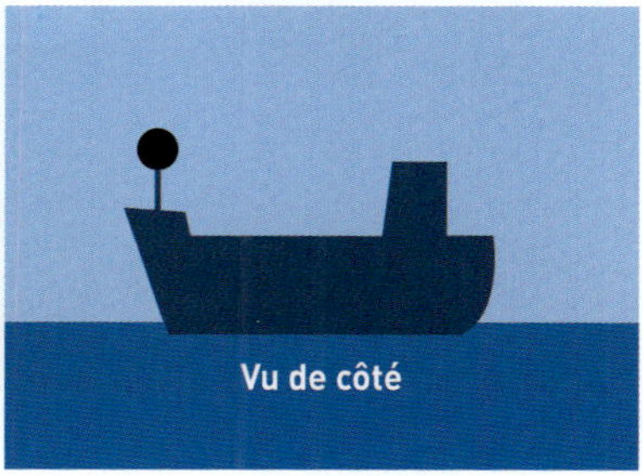

NAVIRE ÉCHOUÉ

3 boules noires.

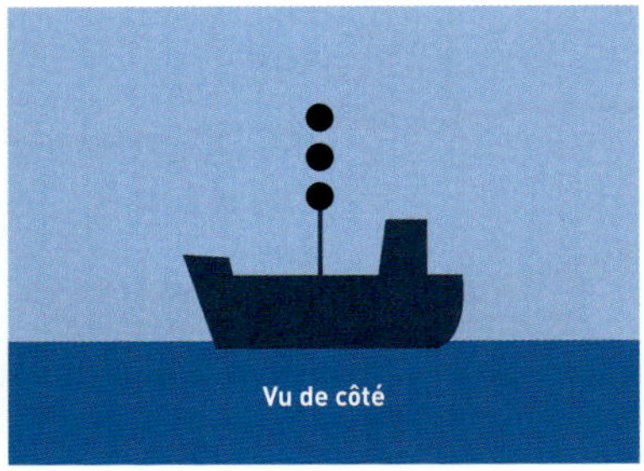

NAVIRE EN OPÉRATION DE PLONGÉE

Une reproduction rigide, d'au moins un mètre de hauteur, du pavillon « A » du Code international de signaux

NAVIRE TRANSPORTANT DES MATIÈRES DANGEREUSES

1 pavillon rouge.

BALISAGE DIURNE

INTRODUCTION

Le balisage a été créé par l'AISM, l'Association internationale de signalisation maritime qui a pour but de signaler au navigateur les dangers qui pourraient lui être invisibles (parce que la mer les recouvre) et les limites du chenal. C'est le Service des Phares et balises qui est chargé de sa mise en place et de son entretien. Les marques de balisage peuvent être flottantes ou fixes.

- **Marques flottantes :** ce sont des bouées (flotteurs reliés par une chaîne à un ouvrage sur les fonds).
- **Marques fixes :** ce sont des tourelles maçonnées édifiées sur la roche, des balises et des espars.

De gauche à droite : tourelle ou espar, bouée fuseau, bouée.

Sur la carte marine, les bouées flottantes sont représentées inclinées et les balises fixées au fond sont représentées droites.

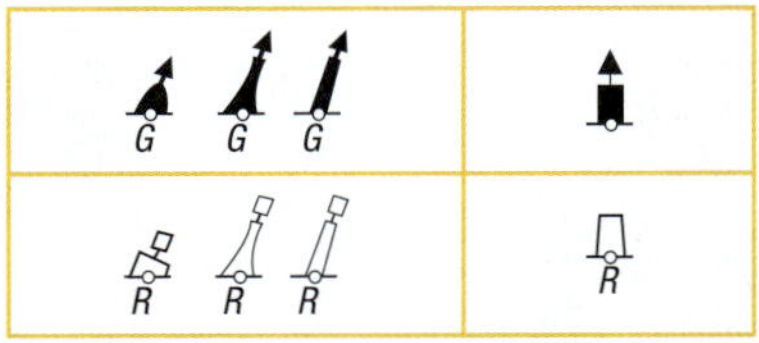

Il est interdit de s'amarrer à une marque de balisage ou de jeter l'ancre à proximité.

Les marques se reconnaissent le jour à :

- leur forme,
- leur voyant,
- leur couleur.

La nuit, elles se reconnaissent à la **couleur** et au **rythme** de leur **feu**, si elles en sont dotées.

Il existe 5 types de marques de balisage :

- les marques latérales,
- les marques cardinales,
- les marques de danger isolé,
- les marques d'eaux saines,
- les marques spéciales.

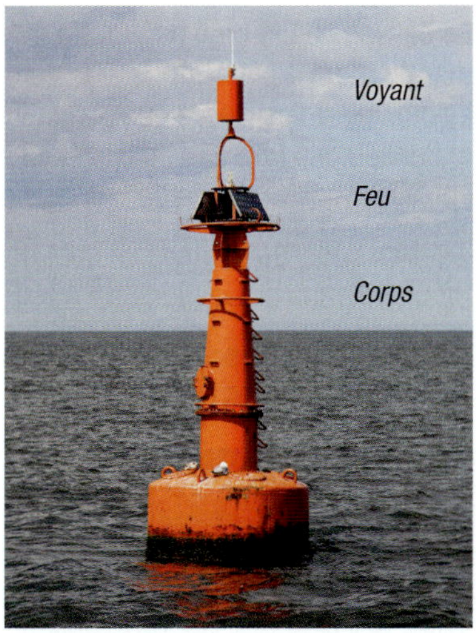

Un descriptif du balisage doit être disponible à bord. En général, c'est un autocollant affiché près du poste de pilotage ou encore un support électronique pourvu qu'il soit consultable à tout moment (téléphone, tablette).

MARQUES LATÉRALES

DÉFINITION

Les marques latérales indiquent les limites bâbord et tribord d'un chenal ou d'un passage difficile. Le balisage latéral est déterminé selon le sens conventionnel que suit le navire venant du large et se dirigeant vers le port.

REPRÉSENTATION SUR LA CARTE MARINE

Latérales bâbord	R R R	R	Latérales tribord	G G G	

G : green/vert - R : red/rouge

DÉCOUPAGE DES RÉGIONS A ET B

Le balisage découpe le monde en deux régions, A et B.

- **Région A :** le Monde sauf la zone Amérique, en particulier France métropolitaine, Réunion, Nouvelle-Calédonie et Polynésie.
- **Région B :** Amérique, Antilles, Guyane, Saint-Pierre-et-Miquelon, Corée, Philippines et Japon.

En région B, seules les couleurs des marques latérales sont inversées.

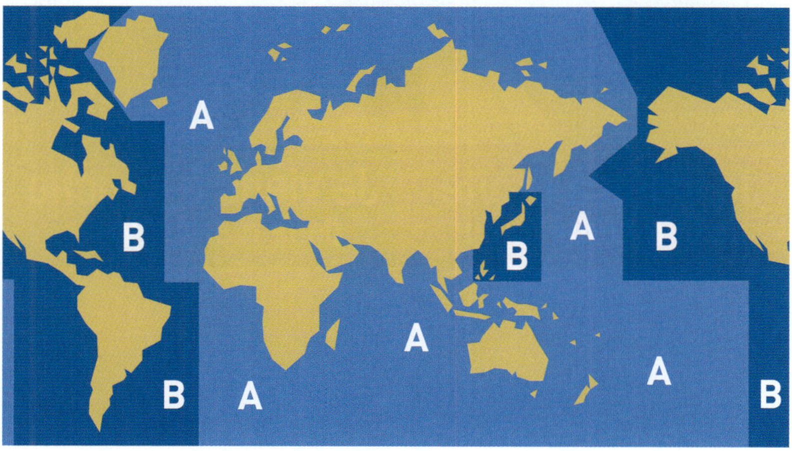

EN ENTRANT AU PORT (RÉGION A)

En entrant au port, les marques bâbord sont à gauche du navigateur et les marques tribord, sont celles qui sont à droite lorsqu'il regarde l'avant de son navire.

EN SORTANT DU PORT (RÉGION A)

En sortant du port, vous laissez les marques vertes à gauche et les marques rouges à droite.

MARQUES DE CHENAL PRÉFÉRÉ

Elles indiquent le chenal principal à utiliser de préférence à une bifurcation de deux chenaux. L'autre chenal, secondaire est réservé aux navires à faible tirant d'eau (ex : hors-bord).

CHENAL PRÉFÉRÉ À BÂBORD

Ce sont des marques latérales définies selon le sens conventionnel, avec les mêmes formes de voyant et les mêmes couleurs, et portant une bande de couleur inverse de la couleur principale.

Pour emprunter le chenal principal, manœuvrer comme face à une latérale ordinaire, sans tenir compte de la couleur intermédiaire.

CHENAL PRÉFÉRÉ À TRIBORD

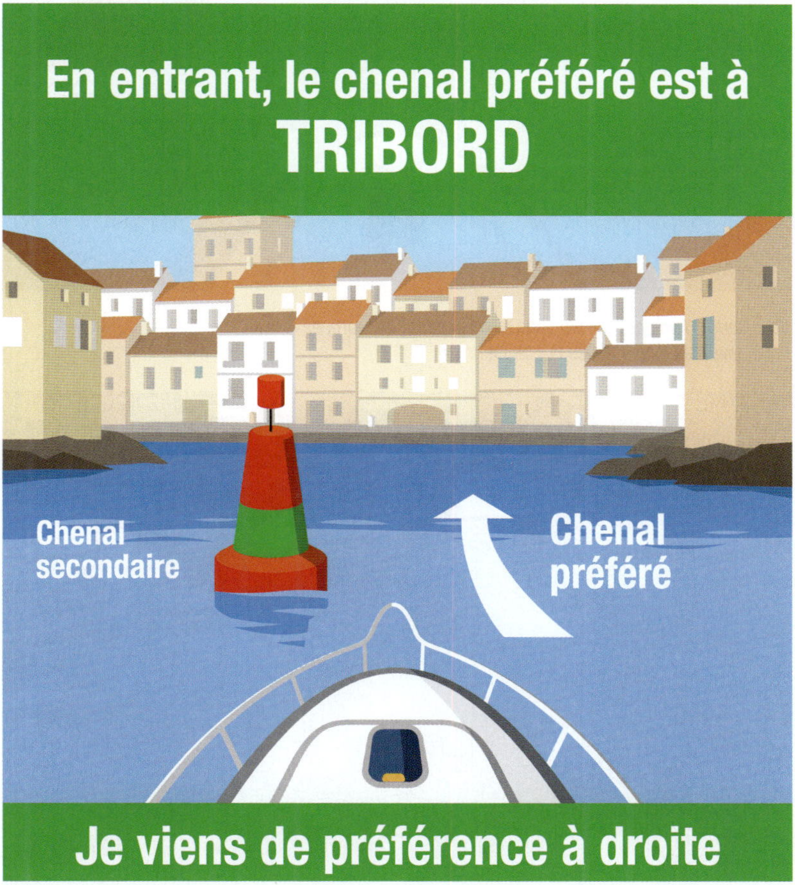

EXEMPLES DE BALISAGE

Vous sortez d'un port. Devant vous un alignement de marques rouges. Vous devez les longer en les laissant à droite.

Vous entrez au port. Vous devez laisser à droite les marques vertes.

MARQUES CARDINALES

DÉFINITION

Les marques cardinales déterminent le quadrant de passage pour éviter un danger. Ainsi une cardinale Nord est toujours placée au Nord du danger : il faut donc passer au Nord de cette cardinale pour parer le danger.

Une cardinale Est est placée à l'Est du danger. Par rapport à cette cardinale Est, le danger se situe à l'Ouest, il faut passer à l'Est de cette cardinale.

Observez bien le schéma ci-dessous. Il se présente comme une carte routière avec le Nord vers le haut.

Il vous sera demandé à l'examen de choisir de quel côté passer d'une marque afin d'éviter le danger qu'elle couvre.

Cardinale Est.

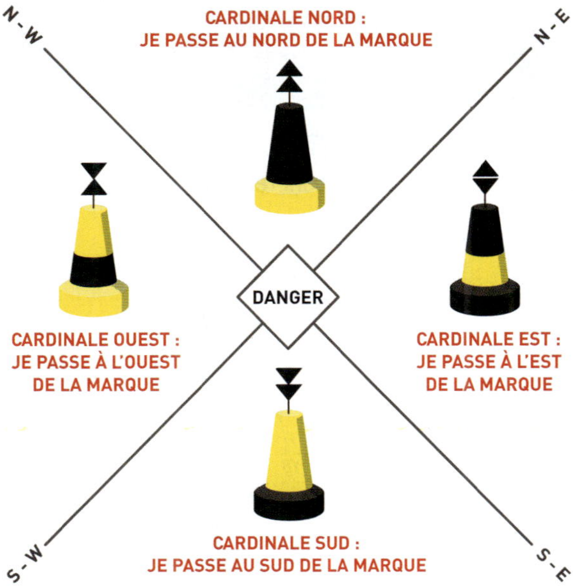

IDENTIFICATION

Chaque marque cardinale est peinte en noir et jaune et comporte un voyant constitué de 2 cônes noirs.

On identifie la marque en fonction de la disposition des couleurs jaune et noire et des cônes du voyant. Le sens des pointes indique la position de la couleur noire sur le corps de la marque.

Pour cette cardinale Nord, le danger est au sud.

Sur la carte marine les cardinales sont représentées de la manière suivante :

Cardinale Nord	 BY BY	 BY
Cardinale Est	 BYB BYB	 BYB
Cardinale Sud	 YB YB	 YB
Cardinale Ouest	 YBY YBY	 YBY

B : black/noir - Y : yellow/jaune - W : white/blanc

ROUTE À SUIVRE

COMPAS

Le compas se compose d'un boîtier hémisphérique fixé au bateau et bien visible pour le pilote.

Un repère dans le boîtier détermine la ligne de foi, alignée avec l'axe longitudinal du navire. Une rose horizontale plate est graduée de 0° à 360° dans le sens des aiguilles d'une montre. C'est la rose du compas. Elle pivote sur un axe vertical, qui permet de suivre les inclinaisons du bateau dues aux vagues. Un barreau aimanté solidaire de la rose l'oriente toujours au Nord, comme l'aiguille d'une boussole. Du matériel électronique ou un téléphone portable disposés peuvent perturber le fonctionnement d'un compas magnétique.

Lorsque le 0 (ou 360) du compas coïncide avec la ligne de foi, le bateau se dirige vers le Nord. Lorsque c'est le chiffre 90, le bateau se dirige vers l'Est. Le 180° est le Sud et 270°, l'Ouest. Pour suivre une route, il suffit d'amener le chiffre désiré devant la ligne de foi. La lettre W est toujours utilisée pour l'Ouest pour éviter la confusion avec le 0 du Nord.

Quand vous suivez un cap, il faut ajouter (ou retrancher) 180° pour déterminer le cap inverse.

Vous faites route au 90°. Vous reconnaissez une cardinale Nord.
Dans le compas, le Nord est à gauche, vous venez donc à gauche.
Vous laissez cette cardinale à droite.

Vous faites route au Nord. Vous reconnaissez une cardinale Est.
Dans le compas, l'Est est à droite, vous venez donc à droite.
Vous laissez cette cardinale à gauche.

Vous faites route au Nord. Vous reconnaissez une cardinale Ouest.
Dans le compas, l'Ouest est à gauche, vous venez donc à gauche.
Vous laissez cette cardinale à droite.

EXEMPLES DE BALISAGE MIXTE

Vous entrez au port. Vous passez à l'Est de la cardinale Est et vous laissez à droite la marque verte.

En entrant au port, je passe au Sud de cette cardinale Sud en laissant à droite la marque verte.

MARQUE DE DANGER ISOLÉ

Cette marque signale des dangers isolés d'étendue limitée (un rocher à fleur d'eau ou une épave, par exemple). **Vous devez vous en écarter indifféremment par la gauche ou par la droite.**

La consultation de la carte vous permettra de préciser la route à suivre.

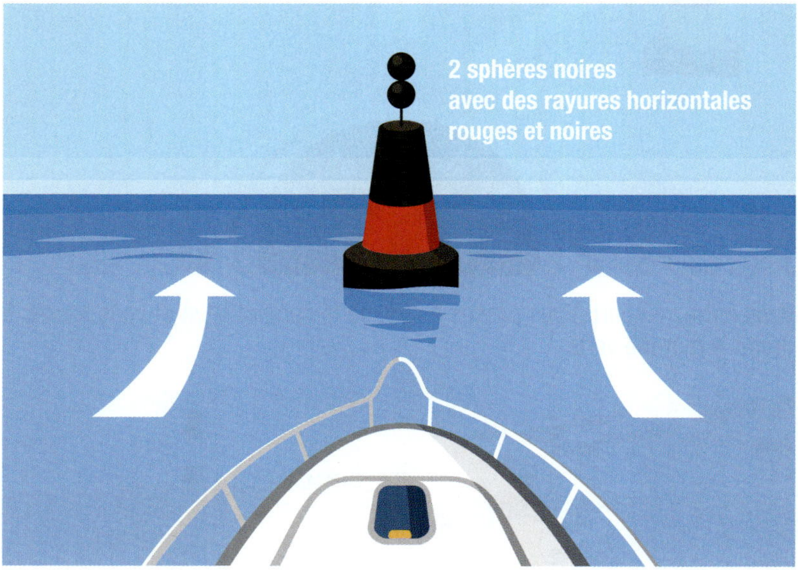

Sur la carte marine, la marque de danger isolé est représentée de la manière suivante.

R: red/rouge - B: black/noir

MARQUE D'EAUX SAINES

Elle indique que les eaux sont sans aucun obstacle à proximité et peut définir les axes et les milieux des chenaux ou encore indiquer un atterrissage si aucune marque latérale ou cardinale n'est présente.

Vous pouvez vous diriger vers cette marque et la laisser indifféremment à droite ou à gauche, car les eaux sont saines.

La consultation de la carte vous permettra de préciser la route à suivre.

Sur la carte marine, la marque d'eaux saines est représentée de la manière suivante.

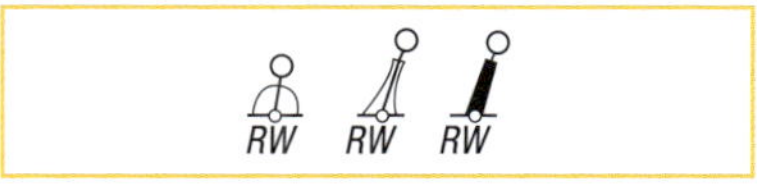

R: red/rouge - W: white/blanc

MARQUES SPÉCIALES

Ce sont des marques qui signalent l'existence de zones interdites ou réservées. Il existe deux catégories de marques spéciales.

- **Les marques durables (comportant un voyant en forme de X) :** zone de mouillage, câbles sous-marins, orifice d'égout ou de canalisation, dépôt de matériaux, zone d'exercices militaires, zone de pêche, zone réservée aux pilotes, séparation de trafic, zone de culture ostréicole, etc.

- **Les marques occasionnelles (sans voyant) :** zone de baignade, limite des 300 mètres, parcours de régates et autres sports nautiques.

Elles peuvent porter des pictogrammes.
Vous déterminerez votre route en consultant la carte du lieu, pour éviter, par exemple, une zone ostréicole.

Sur la carte marine, elles sont représentées de la manière suivante.

Y : yellow/jaune

BALISAGE DES PLAGES

LIMITE DES 300 MÈTRES

Elle est marquée, en général, par des bouées sphériques jaunes espacées entre elles de 200 mètres environ. L'excès de vitesse (soit supérieure à 5 nœuds) dans la bande des 300 mètres sur tout le littoral français, même si elle n'est pas balisée, peut entraîner le retrait du permis.

CHENAL TRAVERSIER

En se dirigeant vers la côte, vous laissez sur tribord les bouées coniques et sur bâbord les bouées cylindriques.

ZONES INTERDITES AUX ENGINS À MOTEUR

Elles sont délimitées par des bouées sphériques jaunes.

ZONES RÉSERVÉES UNIQUEMENT AUX BAIGNEURS

Elles sont balisées par des colliers de sphères jaunes, très rapprochées les unes des autres.

EXEMPLE D'UN BALISAGE DE PLAGE

1 Bordure extérieure
2 Chenal traversier
3 Bateaux : vitesse inférieure à 5 nœuds
4 Embarcations à moteur interdites
5 Zone réservée uniquement aux baigneurs

DANGER NOUVEAU GRAVE

L'expression « danger nouveau grave » s'applique à des obstructions récentes et qui ne sont pas encore portées sur les cartes marines (épaves, bateaux échoués ou obstructions naturelles).

Si le danger est grave, deux marques identiques sont alors disposées côte à côte pour attirer particulièrement l'attention des navigateurs.

De nuit, les balises peuvent être dotées de feux scintillants (à variation d'intensité) selon le danger nouveau qu'elles protègent. Elles peuvent être équipées d'un répondeur radar.

Ces bouées couplées sont ôtées quand la présence de ce nouveau danger a été suffisamment diffusée ou que l'épave dangereuse a été renflouée.

BATEAU ECOLE

RÈGLES DE BARRE ET DE ROUTE

DÉFINITIONS

Navire en vue

Deux navires sont en vue lorsqu'ils peuvent s'observer.

Veille

La veille (c'est-à-dire l'attention, la surveillance) visuelle et auditive doit être permanente pour apprécier la situation et les risques d'abordage. Elle est obligatoire. L'utilisation d'un GPS à bord ne dispense en aucun cas d'assurer une veille visuelle et auditive.

RIPAM (Règlement International pour prévenir les Abordages en Mer)

Règles définissant la conduite à tenir à la rencontre d'un autre navire pour éviter l'abordage.

CHENAUX ET PORTS

NAVIGATION DANS LES CHENAUX ÉTROITS

Dans un chenal étroit, un grand navire (plus de 20 m) est privilégié face à un bateau de plaisance qui devra s'en écarter.

Rappelons qu'il est interdit de pêcher ou de mouiller dans un chenal.

NAVIGATION DANS LES PORTS

Chacun doit tenir sa droite. En règle générale, la vitesse dans les ports est limitée à 3 nœuds.

NAVIGUER EN MER

FRANCHISSEMENT DES DISPOSITIFS DE SÉPARATION DU TRAFIC

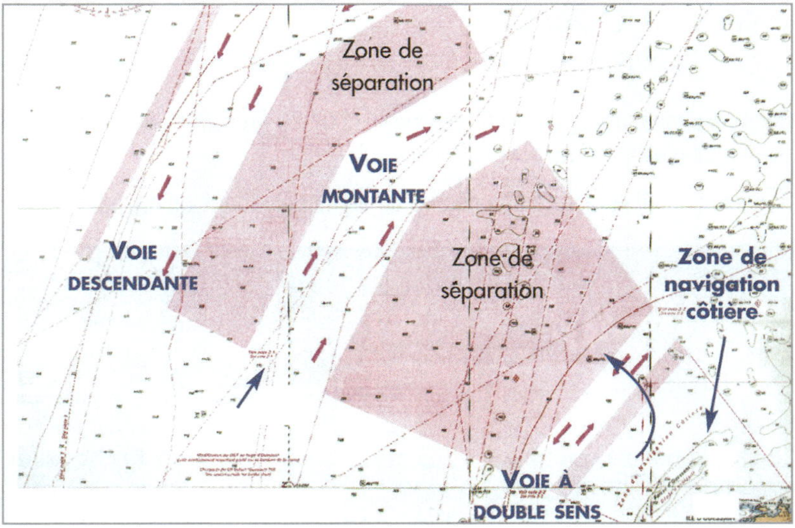

Dans des zones à fort trafic, les navires doivent suivre des routes définies sur les cartes. Il y a un couloir de navigation pour chaque sens de circulation et une zone de séparation de trafic entre les deux (en mauve sur la carte).

Si l'on doit traverser un tel dispositif, il faut le faire perpendiculairement à la direction du trafic. La navigation aux approches des dispositifs de séparation de trafic nécessite une vigilance particulière.

ROUTES OPPOSÉES

Chacun vient sur tribord et croise donc l'autre bâbord sur bâbord.

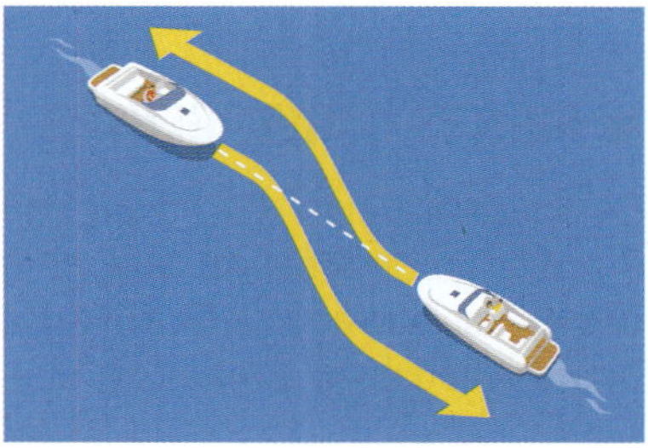

NAVIRE RATTRAPANT

Le navire rattrapant (en jaune) doit s'écarter de la route du rattrapé pour effectuer un dépassement sur un bord ou l'autre. Le rattrapé conserve son cap et sa vitesse.

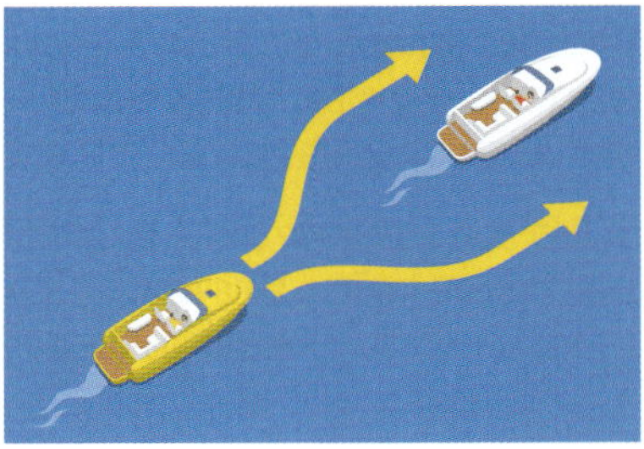

ROUTES CONVERGENTES

Celui qui voit l'autre sur tribord, doit s'écarter de la route de celui-ci et passer sur son arrière. Si le navire non privilégié ne manœuvre pas, l'autre doit tout faire pour éviter l'abordage.

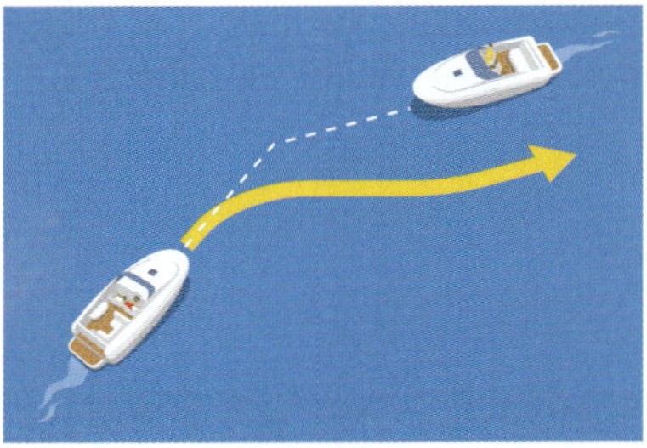

RISQUE D'ABORDAGE

Il y a risque d'abordage si deux navires font des routes convergentes. On peut apprécier ce risque en effectuant la mesure du relèvement ou du gisement de l'autre navire. Pour effectuer des visées, on utilise un compas de relèvement (portatif), si l'on en dispose à bord.

Le relèvement est l'angle formé par la direction d'un point remarquable pris sur l'autre navire et la direction du Nord. Si le relèvement ne varie pas sensiblement sur plusieurs mesures successives : il y a risque d'abordage, car ce sont des routes de collision.

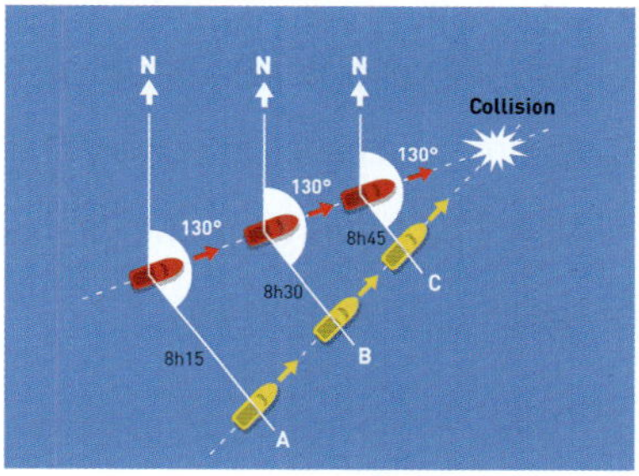

Les mesures successives A, B et C montrent un relèvement constant de 130°.

Il en est de même si le gisement (angle formé par l'axe du navire et un point remarquable pris sur l'autre navire) reste constant.

Les mesures successives A, B et C montrent un gisement constant de 82°.

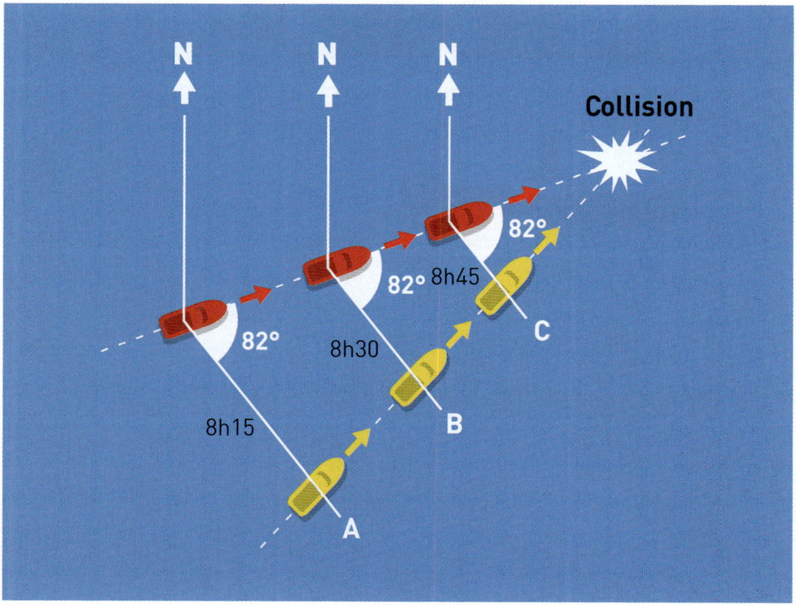

NAVIRES PRIVILÉGIÉS

Les différents navires doivent manœuvrer en fonction d'une hiérarchie de privilèges.

Cette hiérarchie s'établit comme suit :

1- Navire non maître de sa manœuvre (c'est le plus privilégié de tous).

2- Navire à capacité de manœuvre restreinte.

3- Navire handicapé par son tirant d'eau.

4- Navire en action de pêche (professionnel).

5- Voilier (à la voile seule).

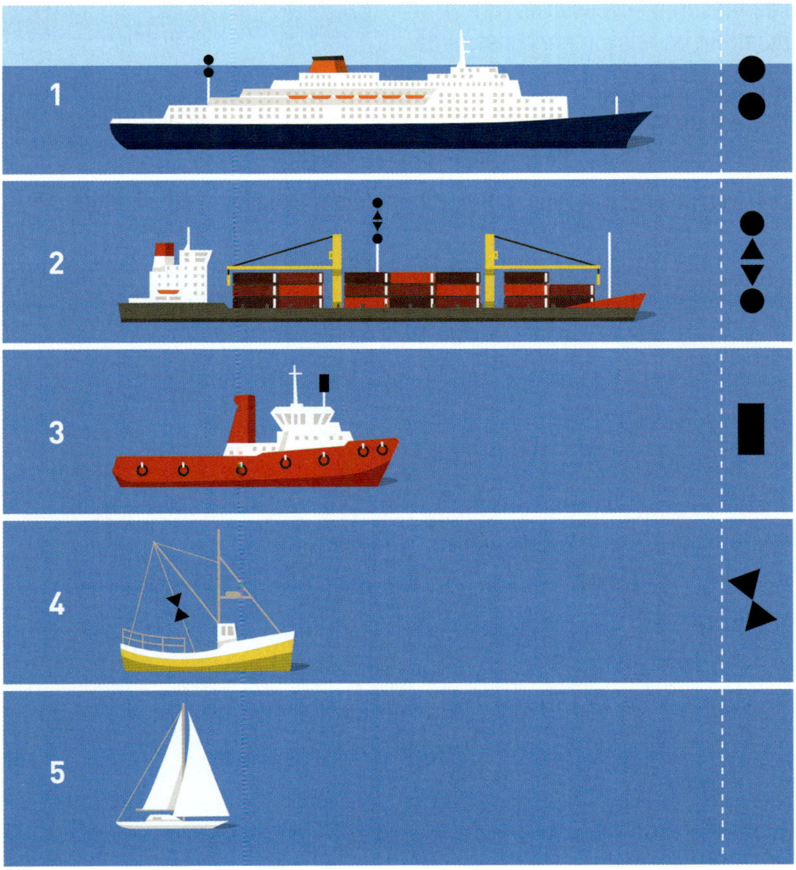

AUTRES RÈGLES

VOILIER NAVIGUANT AU MOTEUR

Le voilier doit appliquer les règles valables pour les bateaux à moteur.

RENCONTRE D'UN NAVIRE AU MOTEUR ET D'UN VOILIER

Vous rencontrez un voilier. Vous devez vous en écarter. Sur cette photo, vous devez passer derrière le voilier.

Les planches à voile sont considérées comme des voiliers. Les bateaux à moteur et les Véhicules Nautiques à Moteur (VNM) doivent s'en écarter.

SIGNAUX PHONIQUES

INTRODUCTION

Ils sont émis au sifflet ou par tout autre moyen efficace (corne de brume, cloche, gong).

● : 1 son bref dure environ une seconde

▬ : 1 son prolongé dure de 4 à 6 secondes

🔔 ∿∿ : volée de cloches

MANŒUVRES ET AVERTISSEMENTS

SIGNAUX DE MANŒUVRE

Je viens sur tribord

Je viens sur bâbord

Je bats en arrière

SIGNAUX D'AVERTISSEMENT

EN CAS D'INCERTITUDE

Lorsque deux navires s'approchent l'un de l'autre et que l'un d'eux a des doutes sur les intentions ou la manœuvre de l'autre, il émet une série d'au moins **5 sons brefs**.

APPROCHE D'UN COUDE DU CHENAL

Un navire s'approchant d'un coude sans visibilité doit faire entendre **un son prolongé**. Tout navire venant dans sa direction, de l'autre côté, doit répondre par **un son prolongé**.

DÉPASSEMENT DANS UN CHENAL ÉTROIT OU UNE VOIE D'ACCÈS

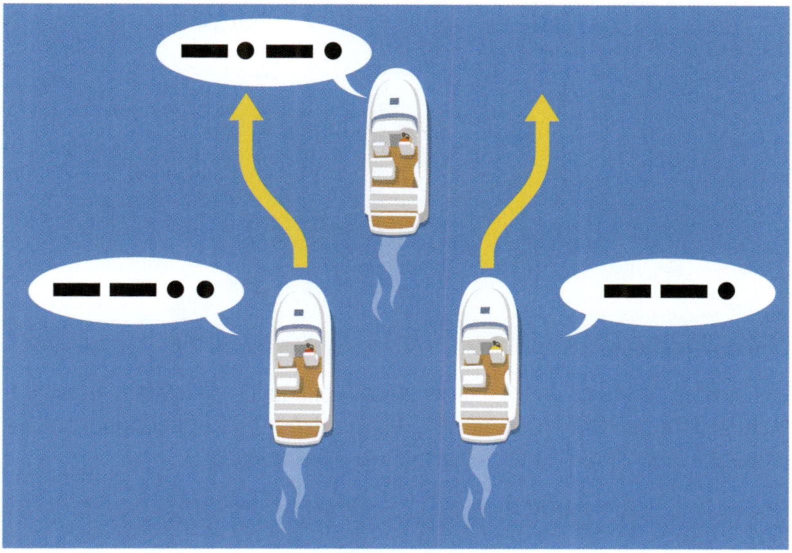

Le rattrapant indique son intention par un des deux signaux :

« Je vous rattrape sur tribord. » 

« Je vous rattrape sur bâbord. » 

Le navire sur le point d'être rattrapé doit indiquer son accord. 

Si le rattrapé ne répond pas, le dépassement est jugé inopportun et refusé.

SIGNAUX DE BRUME

Par temps de brume, il faut allumer les feux, réduire sa vitesse et augmenter sa vigilance.

Les signaux par visibilité réduite permettent de signaler sa présence :
- avec erre,
- sans erre,
- avec gêne dans ses possibilités de manœuvrer,
- au mouillage,
- échoué,
- et identifier les navires pilotes.

Les navires de moins de 12 mètres ne sont pas tenus de les faire entendre, mais s'ils ne le font pas ils doivent faire entendre un autre signal sonore efficace à des intervalles ne dépassant pas deux minutes.

Avec erre.

Sans erre.

Un navire à moteur, ayant de l'erre, doit faire entendre **un son prolongé** toutes les deux minutes.

Un navire faisant route, mais stoppé sans erre, doit faire entendre toutes les deux minutes, **deux sons prolongés** séparés par un intervalle de deux secondes. Il indiquera ainsi aux navires qui s'approchent qu'ils doivent l'éviter.

Les navires non maîtres de leur manœuvre, à capacité de manœuvre restreinte, handicapés par leur tirant d'eau, à voile, en train de pêcher et les remorqueurs ou pousseurs doivent émettre **un son prolongé suivi de deux sons brefs** toutes les deux minutes.

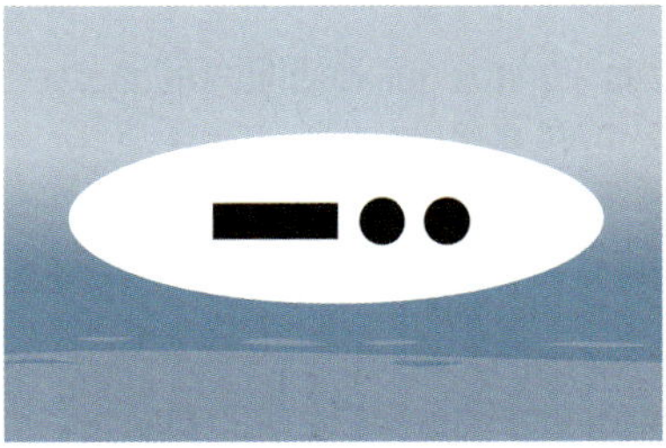

NAVIRE REMORQUÉ

Il émet (après le signal du remorqueur) **un son prolongé suivi de 3 sons brefs,** toutes les deux minutes.

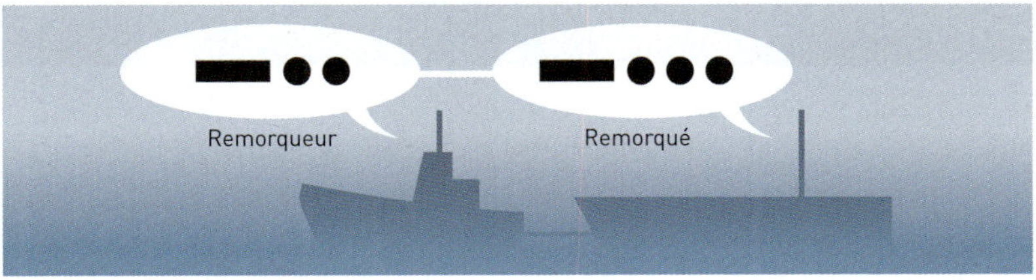

BATEAU-PILOTE

Un bateau-pilote fait entendre un signal de **4 sons brefs** pour s'identifier parmi d'autres navires. S'il a de l'erre, il émet auparavant un son prolongé.

NAVIRE AU MOUILLAGE, À L'APPROCHE D'UN PORT (MOINS DE 100 M)

Il émet des **sons de cloches** de 5 secondes à intervalle d'une minute.

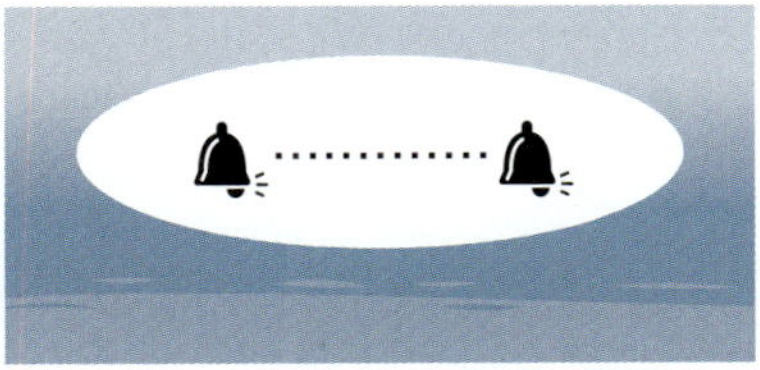

NAVIRE ÉCHOUÉ

Un navire échoué doit émettre des **sons de cloche** comme un navire au mouillage. En plus, il doit faire entendre **3 coups de cloche séparés** et distincts immédiatement avant et après. S'il mesure plus de 100 m, il doit émettre à l'arrière un coup de gong.

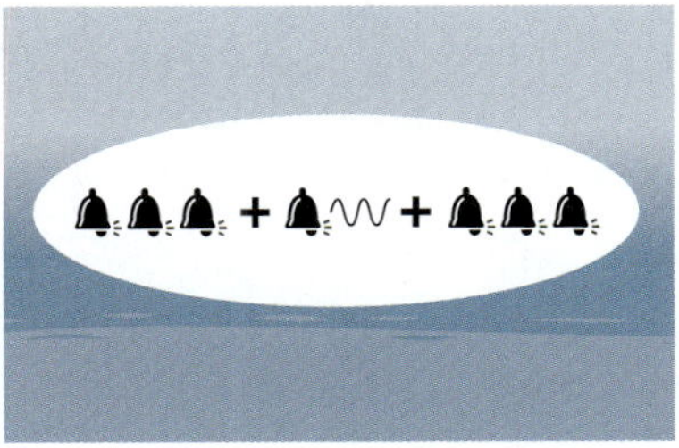

PORTS ET MOUILLAGE

MOUILLAGE FORAIN

Pour ancrer votre bateau, vous devez choisir un lieu adapté, vérifier que la zone est autorisée et que la nature des fonds permettra votre ancre de tenir.

Ici des bouées publiques ont été installées pour éviter de dégrader les fonds.

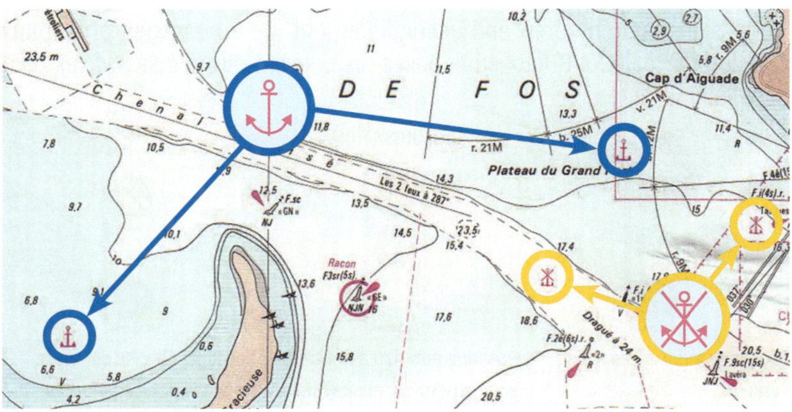

Sur cette carte, les symboles indiquant les mouillages autorisés ou interdits.

SIGNALISATION DES PORTS

Notez que le port de plaisance est représenté sur la carte marine de cette manière .

La signalisation du trafic portuaire utilise des feux, **de jour comme de nuit.**

Chaque sens de circulation rencontre ses propres feux, la signalisation destinée aux navires entrants étant donc très souvent différente de celle destinée aux navires sortants.

Cette signalisation comprend essentiellement, des messages principaux comportant toujours 3 feux superposés. Ils peuvent être à éclats, fixes ou à occultations lentes.

AUTORISATION		

Passage autorisé en sens unique.	**Passage autorisé à double sens, attention aux navires en sens inverse.**	**Passage autorisé sur ordre transmis par les autorités du port.**

INTERDICTION	
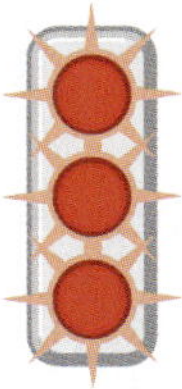	Danger grave, entrée interdite.
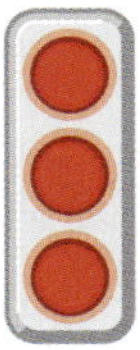	Passage interdit.

DÉROGATIONS pour les navires de plaisance	
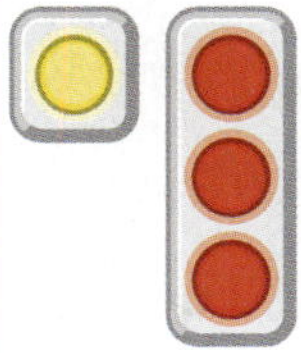	1 feu jaune autorise la circulation en dehors du chenal, malgré l'interdiction.
	1 feu jaune autorise la circulation en dehors du chenal, malgré la restriction.

ÉCLUSE

Certains ports en eaux profondes sont équipés d'écluses pour permettre le transit des bateaux pour maintenir un niveau d'eau suffisant pendant la basse mer.

Il faut respecter les feux et l'ordre d'arrivée des bateaux.

L'amarrage est obligatoire pendant l'éclusage.

Feu de tête de mât
Blanc, dans l'axe du navire
et éclairant vers l'avant.
Secteur : 225°.

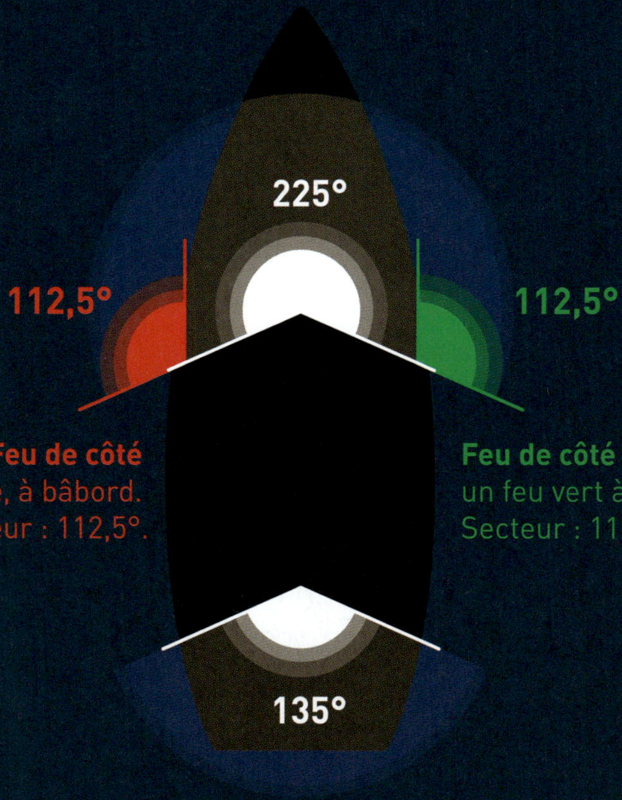

Feu de côté
un feu rouge, à bâbord.
Secteur : 112,5°.

Feu de côté
un feu vert à tribord.
Secteur : 112,5°.

Feu de poupe
Un feu blanc, éclairant vers l'arrière.
Secteur : 135°.

FEUX DES NAVIRES

PRINCIPE

Le feu de poupe est celui que l'on aperçoit en premier quand on rattrape un navire.

Au minimum, les feux de côté et le feu arrière doivent toujours être allumés en même temps. Des feux complémentaires (rouge, vert, blanc, jaune) sont montrés dans des conditions particulières. Les feux doivent être allumés du coucher au lever du soleil et par visibilité réduite. La puissance des feux dépend de la dimension des navires et leur portée varie de 1 à 6 milles.

FEUX DE ROUTE

NAVIRE À PROPULSION MÉCANIQUE FAISANT ROUTE

BATEAU DE MOINS DE 7 M ET VITESSE DE MOINS DE 7 NŒUDS

- 1 feu blanc visible sur tout l'horizon.
- Il peut aussi montrer des feux de côtés.

Vu de côté

BATEAU DE MOINS DE 20 M

- Feu avant blanc sur 225°.
- Feux de côté sur 112,5°.

Ils peuvent être regroupés.

- Feu de poupe blanc sur 135° (non visible sous cet angle).

Vu de face

Sur les bateaux de moins de 12 mètres, le feu de mât et le feu de poupe peuvent être regroupés en un seul feu.

BATEAU DE MOINS DE 50 M

- Feu avant blanc sur 225°.
- Feux de côté sur 112,5°.
- Feu de poupe blanc sur 135° (non visible sous ces angles).

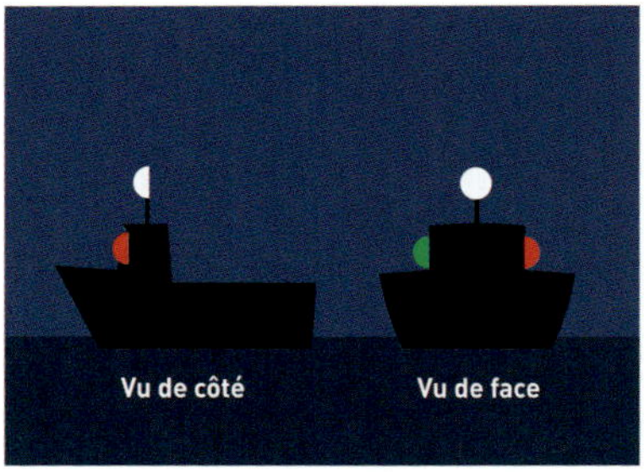

BATEAU DE PLUS DE 50 M

- 2 feux blancs sur 225°.
- Feux de côté sur 112,5°.
- Feu de poupe blanc sur 135° (non visible sous ces angles).

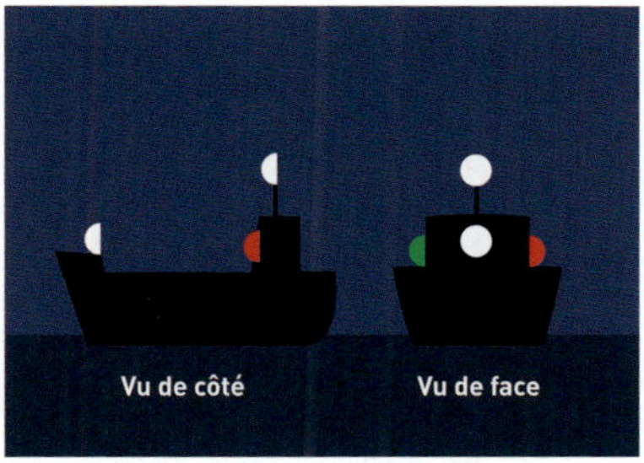

NAVIRE À VOILE FAISANT ROUTE À LA VOILE SEULE

- Feux de côté sur 112,5°.
- Feu de poupe blanc sur 135° (non visible sous ces angles).

BATEAU DE MOINS DE 20 M

Les feux de côté et le feu de poupe peuvent être regroupés en un seul fanal au sommet du mât.

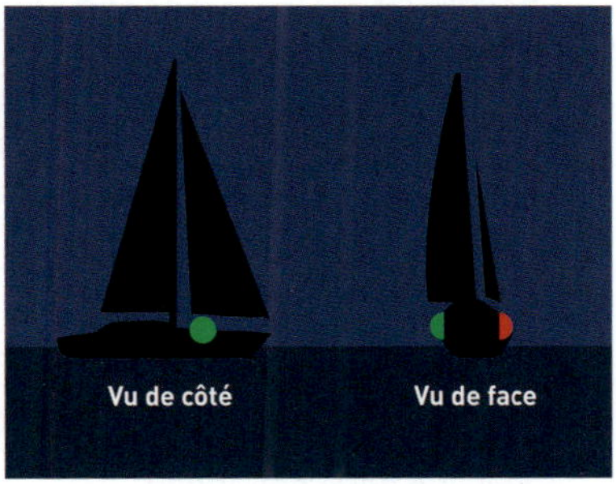

BATEAU DE PLUS DE 20 M

2 feux (rouge sur vert) peuvent être présents en tête de mât.

NAVIRE À VOILE FAISANT ROUTE À LA VOILE ET AU MOTEUR

- 1 feu avant blanc sur 225°.
- Feux de côté sur 112,5°.
- Feu de poupe blanc sur 135° (non visible sous ces angles).
- Éclairage similaire à celui d'un navire à moteur.

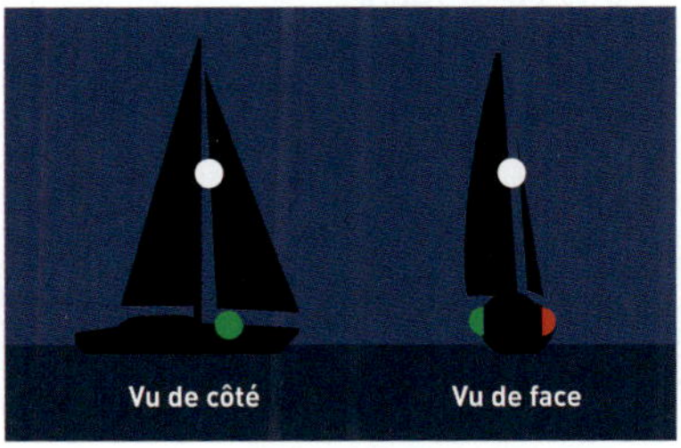

REMORQUEUR AVEC REMORQUE DE MOINS DE 200 M

SUR LE REMORQUEUR

- 2 feux blancs visibles sur 225°.
- Feux de côté sur 112,5° (feu vert non visible sous cet angle).
- Feu de poupe jaune superposé au feu blanc sur 135° (non visible sous cet angle).

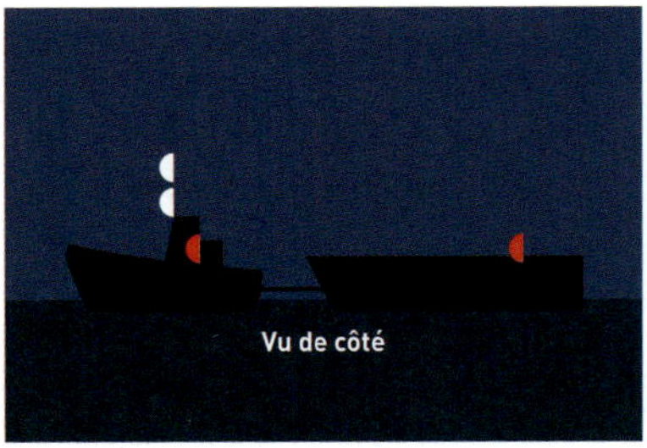

SUR LE REMORQUÉ

- Feux de côté sur 112,5°.
- Feu de poupe blanc sur 135° (non visible sous cet angle).

REMORQUEUR AVEC REMORQUE DE PLUS DE 200 M

SUR LE REMORQUEUR

- 3 feux blancs visibles sur 225°.
- Feux de côté sur 112,5° (feu vert non visible sous cet angle).
- Feu de poupe jaune superposé au feu blanc sur 135° (non visible sous cet angle).

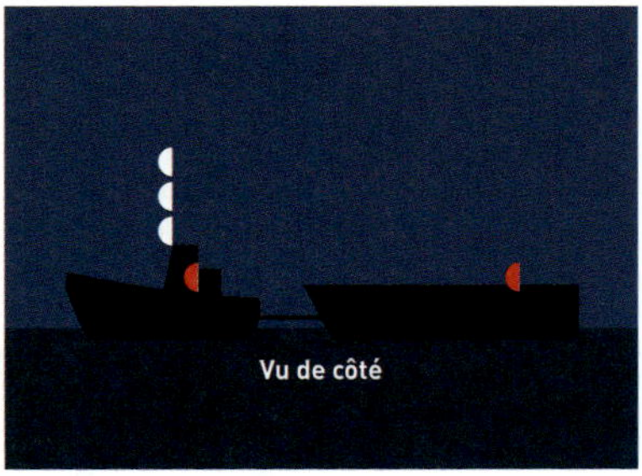

SUR LE REMORQUÉ

- Feux de côté sur 112,5°.
- Feu de poupe blanc sur 135° (non visible sous cet angle).

FEUX DE TRAVAUX ET SITUATIONS PARTICULIÈRES

NAVIRE NON MAÎTRE DE SA MANŒUVRE

- 2 feux rouges visibles sur tout l'horizon.
- Feux de côté sur 112,5°.
- Feu de poupe blanc sur 135° (non visible sous ces angles).

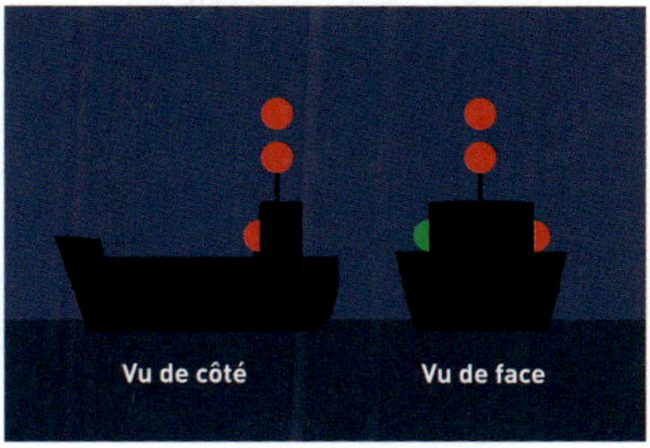

NAVIRE À CAPACITÉ DE MANŒUVRE RESTREINTE

- 3 feux (rouge, blanc, rouge) superposés visibles sur tout l'horizon.
- 1 feu blanc visible sur 225°.
- Feux de côté sur 112,5°.
- Feu de poupe blanc sur 135° (non visible sous ces angles).

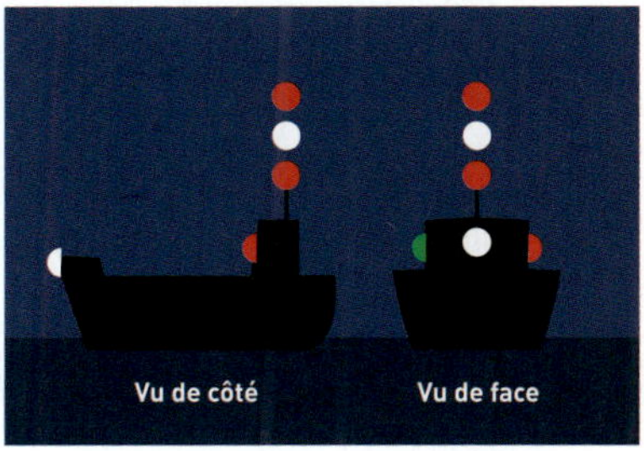

EN STATIONNEMENT AVEC OBSTRUCTION

- 2 feux rouges superposés du côté de l'obstruction visibles sur tout l'horizon.
- 3 feux (rouge, blanc, rouge) superposés visibles sur tout l'horizon.
- 2 feux verts superposés du côté libre visibles sur tout l'horizon. Passez de ce côté.

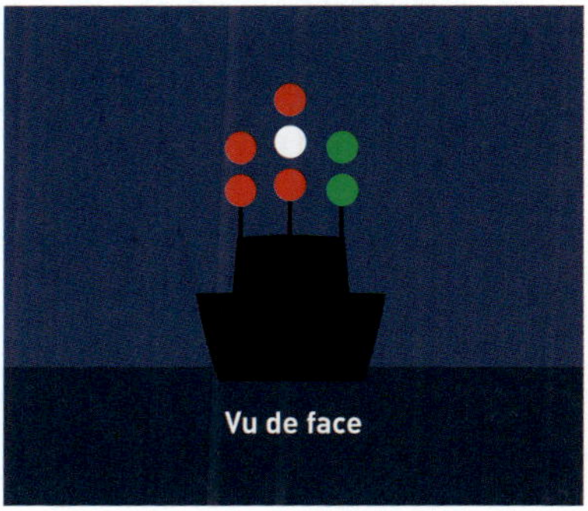

NAVIRE HANDICAPÉ PAR SON TIRANT D'EAU

- 1 feu blanc visible sur 225° (ou 2 feux blancs si plus de 50 m.)
- 3 feux rouges superposés visibles sur tout l'horizon.
- Feux de côté sur 112,5°.
- Feu de poupe blanc sur 135° (non visible sous cet angle).

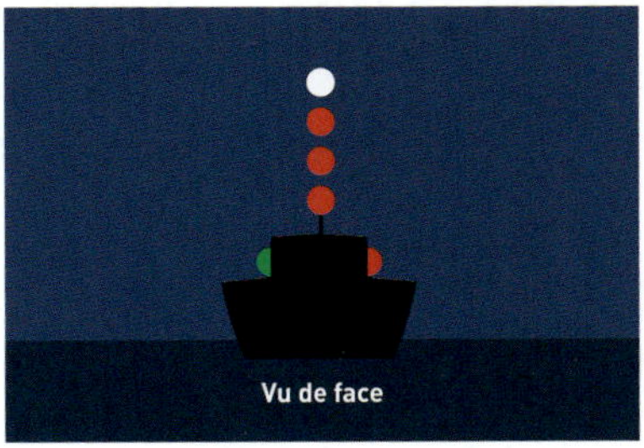

CHALUTIER EN ROUTE AVEC ERRE

- 1 feu blanc visible sur 225° sur les navires de plus de 50 m.
- 1 feu vert sur 1 feu blanc, visibles sur tout l'horizon.
- Feux de côté sur 112,5°.
- Feu de poupe blanc sur 135° (non visible sous ces angles).

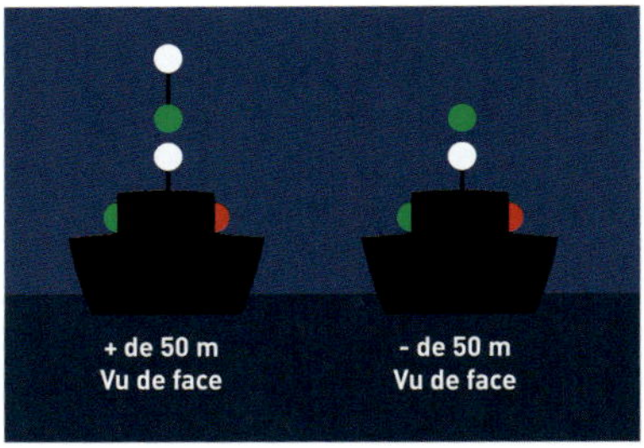

AUTRES NAVIRES DE PÊCHE EN ROUTE AVEC ERRE

- 1 feu rouge sur 1 feu blanc, visibles sur tout l'horizon.
- Feux de côté sur 112,5°.
- Feu de poupe blanc sur 135° (non visible sous cet angle).

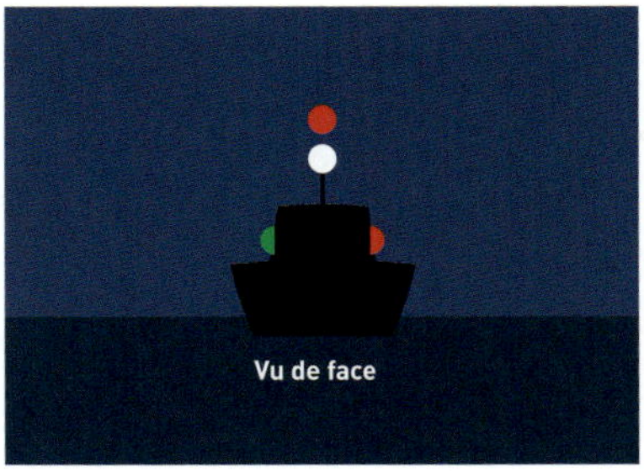

BATEAU PILOTE

- 1 feu blanc sur 1 feu rouge, visibles sur tout l'horizon.
- Feux de côté sur 112,5°.
- Feu de poupe blanc sur 135° (non visible sous cet angle).

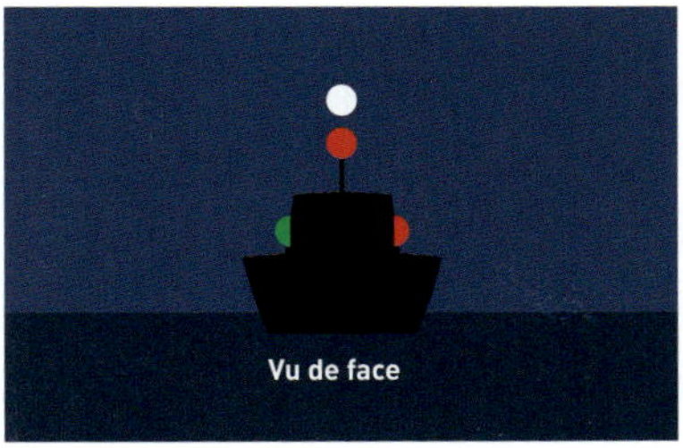

NAVIRE AU MOUILLAGE

- 1 feu blanc visible sur tout l'horizon.
- 1 feu blanc à l'avant et à l'arrière visibles sur tout l'horizon si le navire mesure plus de 50 m.

NAVIRE ÉCHOUÉ

- 1 feu blanc visible sur tout l'horizon (ou 2 feux blancs si plus de 50 m).
- 2 feux rouges visibles sur tout l'horizon.

NAVIRE ENCADRANT DES OPÉRATIONS DE PLONGÉE

- 1 feu rouge, 1 feu blanc, 1 feu rouge superposés visibles sur tout l'horizon.

BALISAGE NOCTURNE

PRÉSENTATION

Les marques de balisage peuvent être équipées de feux.

À éclats : *durées de lumière plus courtes que les durées d'extinction.*

À occultations : *durées de lumière plus longues que les durées d'extinction.*

Isophase : *durées de lumière et d'extinction égales.*

Scintillant : *succession d'éclats très rapides.*

Sur la carte marine, les indications de feux sont signalisées comme suit :

- Fl : flash/éclats
- Oc : occultation
- Q : quick/scintillements rapides
- VQ : very quick/scintillements très rapides
- LFl : long flash/éclats longs
- Iso : isophase

Une flamme magenta signifie que la marque est munie d'un feu.

FEUX DE COULEUR

MARQUES LATÉRALES

La marque bâbord montre un feu rouge à rythme quelconque et la marque tribord montre un feu vert à rythme quelconque.

Bâbord

R : red/rouge

Tribord

G : green/vert

MARQUES DE CHENAL PRÉFÉRÉ

Chenal préféré à bâbord
Couleur : vert
Rythme : 2 éclats + 1

Chenal préféré à tribord
Couleur : rouge
Rythme : 2 éclats + 1

MARQUE SPÉCIALE

Feu de couleur jaune
Rythme quelconque,
différent des autres marques

Exemple

Représentation sur la carte marine

Y : yellow/jaune

FEUX BLANCS

MARQUE D'EAUX SAINES

Feu de couleur blanche
Rythme : 1 éclat long (10s)

Isophase

Occultations

Représentation sur la carte marine

R : red/rouge - W : white/blanc

MARQUE DE DANGER ISOLÉ

	**Feu de couleur blanche** Rythme : Rythme : 2 éclats 	**Représentation sur la carte marine** 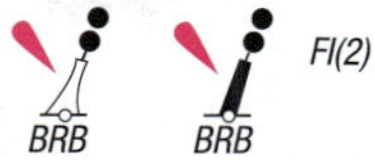 *R : red/rouge - B : black/noir*

MARQUES CARDINALES

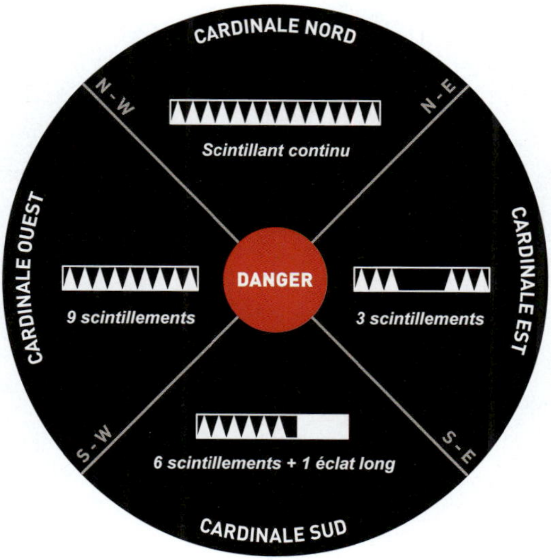

Sur la carte marine les cardinales sont représentées de la manière suivante :

	**Nord** 		**Sud** 
	**Est** 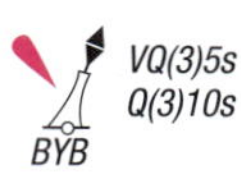		**Ouest** 

B : black/noir - Y : yellow/jaune - W : white/blanc - Q : quick/rapide - VQ : very quick/vraiment rapide

MER, MÉTÉO ET MARÉE

MÉTÉO

GÉNÉRALITÉS

Avant d'envisager une sortie en mer, il est important de s'informer de l'évolution du temps et de vérifier que les prévisions météorologiques coïncident avec la catégorie de conception du navire. Les moyens disponibles sont nombreux (radio, téléphone, capitainerie de port, station côtière, etc.).

L'arrivée du mauvais temps coïncide, en général, dans l'hémisphère nord et dans nos latitudes, avec le passage d'une dépression.

Les conditions météorologiques peuvent avoir une influence sur les hauteurs d'eau.

L'air continental, d'origine polaire, est froid, sec et dense. Au contraire, l'air chaud et humide d'origine tropicale maritime est moins dense.

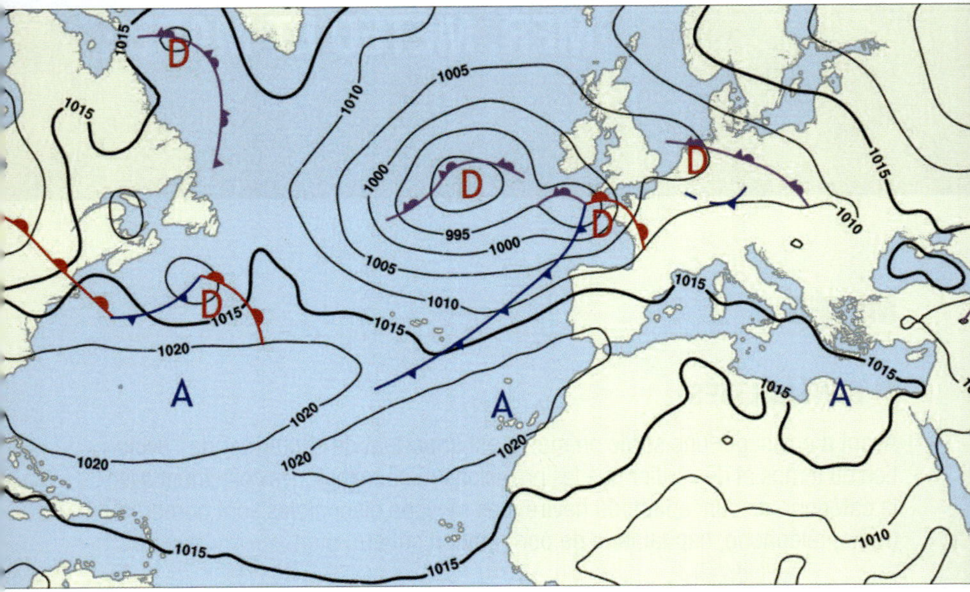

Exemple de carte météo.

Front chaud...
Front froid...
Vitesse du vent..

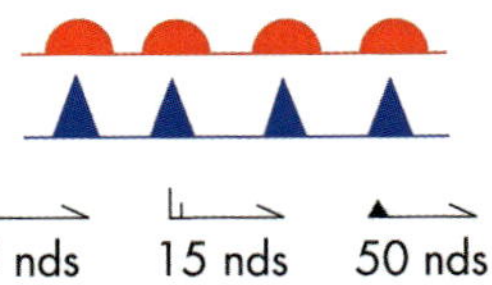

À la rencontre de deux masses d'air, le mélange se fait difficilement. L'air froid lourd s'engage sous la masse d'air chaud et s'enroule en raison du mouvement terrestre. Le front froid ainsi créé provoque la condensation de l'air humide et entraîne des vents et des pluies abondants.

Les anticyclones (abréviation : A) sont synonymes de hautes pressions atmosphériques donc de beau temps stable. La chute rapide des pressions (dépressions : D) observées sur un baromètre indique l'arrivée de mauvais temps, en général des grains (rafales de vent mêlées de pluie).

Un marais barométrique est une zone à faible évolution.

ZONES MÉTÉO

Le domaine maritime a été divisé en 4 zones.

- Bulletin plage et rivage.
- Bulletin côte.
- Bulletin large.
- Bulletin grand large.

Météo-France élabore pour chacune d'elles des bulletins spécifiques.

Vous trouverez sur la carte ci-dessous le nom et la délimitation des zones.

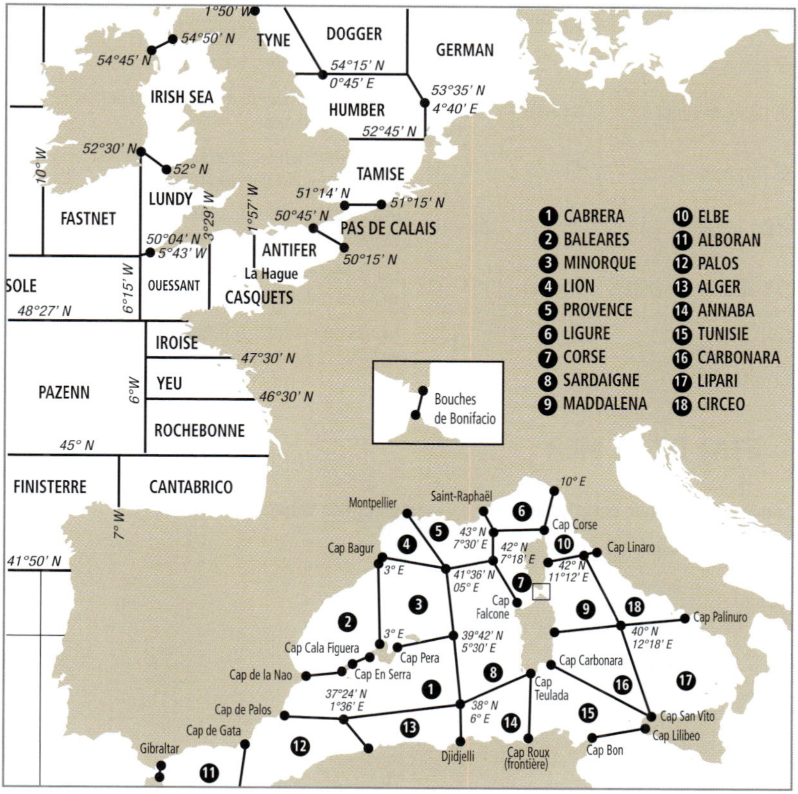

ÉCHELLE DE BEAUFORT

Elle représente la codification des forces de vents.

Termes descriptifs	Vitesse moyenne		Aspect de la mer
	en nœuds	en km/h	
0 Calme	< 1	< 1	Comme un miroir.
1 Très légère brise	1 - 3	1 - 5	Quelques rides.
2 Légère brise	4 - 6	6 - 11	Vaguelettes ne déferlant pas.
3 Petite brise	7 - 10	12 - 19	Les moutons apparaissent.
4 Jolie brise	11 - 16	20 - 28	Petites vagues, nombreux moutons.
5 Bonne brise	17 - 21	29 - 38	Vagues modérées, moutons, embruns.
6 Vent frais	22 - 27	39 - 49	Lames, crêtes d'écume blanche, embruns.
7 Grand frais	28 - 33	50 - 61	Lames déferlantes, traînées d'écume.
8 Coup de vent	34 - 40	62 - 74	Tourbillons d'écume à la crête des lames, traînées d'écume.
9 Fort coup de vent	41 - 47	75 - 88	Lames déferlantes, grosses à énormes, visibilité réduite par les embruns.
10 Tempête	48 - 55	89 - 102	Lames déferlantes, grosses à énormes, visibilité réduite par les embruns.
11 Violente tempête	56 - 63	103 - 117	Lames déferlantes, grosses à énormes, visibilité réduite par les embruns.
12 Ouragan	> 64	> 118	Lames déferlantes, grosses à énormes, visibilité réduite par les embruns.

ÉTAT DE LA MER

Code	Termes descriptifs	Hauteur des vagues (en mètres)
0	Calme (sans ride)	0
1	Calme (ridée)	0 à 0,1
2	Belle (vaguelettes)	0,1 à 0,5
3	Peu agitée	0,5 à 1,25
4	Agitée	1,25 à 2,5
5	Forte	2,5 à 4
6	Très forte	4 à 6
7	Grosse	6 à 9
8	Très grosse	9 à 14
9	Énorme	Dépassant 14

HOULE

La houle peut être due à une dépression lointaine qui engendre des creux importants qui se propagent à grande distance.

Petite	Modérée	Grande
< 2 m	2 à 4 m	> 4 m

VENT LOCAL ET VAGUES

Le vent est en général causé par les brises thermiques dues à la différence de température entre la terre et la mer, surtout en été. Cet effet de brise se renforce l'après-midi. Il crée des vagues appelées « la mer du vent ». On dit que la mer moutonne. Quand le vent augmente rapidement et violemment, les vagues deviennent courtes et creuses. En cas de panne moteur, ce phénomène orientera votre bateau parallèlement aux vagues, ce qui rendra la situation inconfortable voire dangereuse avec risque de chavirage.

La houle et les vagues ont donc des composantes différentes.

VENTS

Le régime des vents est différent en Atlantique et en Méditerranée.

Méditerranée	Atlantique
La Tramontane	Le Noroît
Le Mistral	Le Suroît
Le Sirocco	
Le Libeccio	
Le Marin	

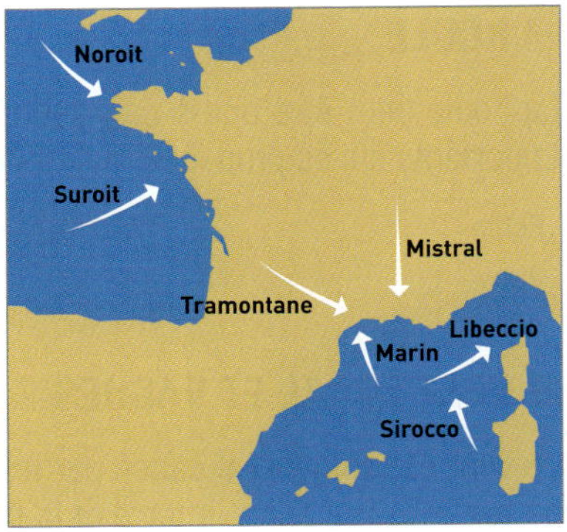

COMMENT SE PROCURER LES PRÉVISIONS

Vous pouvez vous procurer les prévisions météorologiques à la capitainerie, dans les bureaux de port, par la presse, la radio ou encore sur internet.

RÉPONDEURS TÉLÉPHONIQUES

Ils vous donnent les prévisions pour une zone concernée. L'appel du 3250 vous permet d'obtenir les prévisions sur l'ensemble des communes de France métropolitaine. Le 0 892 68 08 suivi du numéro d'un département propose un bulletin « rivage », un bulletin « côte ».

INTERNET

http://www.meteofrance.com/fr/mer/index.jsp

BAROMÈTRE

Une baisse rapide de la pression atmosphérique de quelques hectopascals, peut indiquer la tendance et inciter, sur une petite unité, à se mettre à l'abri sans tarder, à écourter une sortie. Rappelons que nous sommes en régime dépressionnaire en dessous de 1 013 hPa.

VHF

Émetteurs des CROSS (la diffusion du bulletin météo est toujours précédée d'une annonce sur canal 16).

AVIS DE TEMPÊTE

Les avis de coup de vent sont affichés dans les bureaux de port, les capitaineries et les sémaphores.

Les avis de grand frais (Force 7 - BMS - côte) sont diffusés toutes les heures en VHF sur tous les émetteurs concernés.

SIGNAUX

Ils sont visibles sur les mâts des signaux des sémaphores ou des capitaineries.

- **Avis de grand frais (Force 7)**

JOUR	NUIT
1 boule noire 	**1 feu blanc sur 1 feu vert** 

- **Avis de coup de vent (Force 8)**

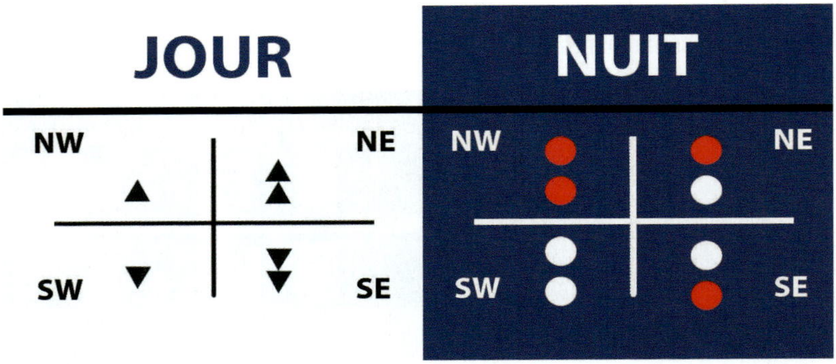

- **Ouragan (Force 12)**

MARÉE

GÉNÉRALITÉS

La marée est le mouvement montant (flux ou flot) puis **descendant** (reflux ou jusant) des eaux des mers et des océans causé par l'effet conjugué des forces de gravitation de la Lune, du Soleil et des planètes.

Seule la Lune et le Soleil ont des impacts significatifs qui s'additionnent ou se contrarient selon leurs positions relatives. Leurs attractions relatives sont proportionnelles à leurs masses et à leurs distances. Elles présentent finalement des grandeurs comparables : la Lune à 300 000 km, possédant une masse plus petite que le Soleil, énorme, beaucoup plus éloigné de la Terre (150 millions de km).

Le niveau le plus haut atteint par la mer au cours d'un cycle de marée est appelé **pleine mer** (marée haute). **Le niveau le plus bas** est la **basse mer** (marée basse).

À l'étale de haute mer et à l'étale de basse mer, on observe une renverse. Le mouvement de la marée passe progressivement de la montée à la descente et inversement.

Les marées les plus faibles (mortes eaux/ ME) de l'année se produisent aux solstices d'hiver et d'été, quand la Terre est la plus éloignée du Soleil (courbe verte).

Les marées les plus fortes (vives eaux/ VE) se produisent aux alentours des équinoxes de printemps et d'automne (courbe rouge).

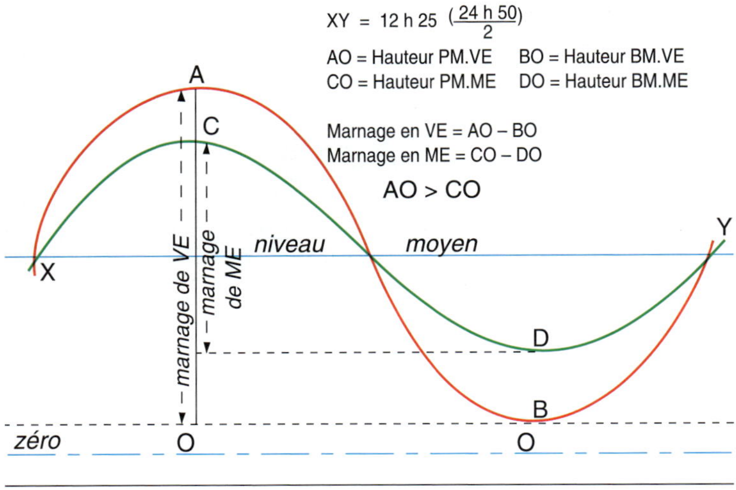

EFFETS DES RELIEFS SUR LES MARÉES

Les marées sont différentes en horaire et en hauteur d'un port à l'autre.

Par exemple, il existe un décalage horaire en Manche entre Cherbourg et Dunkerque du à la progression de l'onde de marée. Au Mont Saint Michel, le phénomène d'entonnoir amplifie l'amplitude de la marée qui peut alors atteindre 15 mètres.

NOTION DE MARNAGE

Le marnage est la différence de hauteur d'eau entre la pleine mer et la basse mer (ex : marnage de 6 m). Il se calcule pour un jour donné et dans un intervalle « pleine mer - basse mer » puisqu'il varie en raison de la position de la Lune et du Soleil.

La zone alternativement couverte et découverte par la mer s'appelle **l'estran** ou zone de marnage.

SONDES ET LES PROFONDEURS

En un point donné, la sonde est la mesure de la distance verticale entre le fond de la mer et le niveau « zéro de la mer » (basse mer théorique de coefficient 120).

- La sonde est positive, lorsque le fond de la mer est en dessous de ce niveau théorique.
- La sonde est négative, lorsque le fond de la mer est au-dessus de ce niveau théorique.

La profondeur est la distance verticale mesurée entre la surface et le fond de la mer en un lieu donné.

Vous devez tenir compte du tirant d'eau du bateau, des conditions de météo (houle, vagues) et d'une sécurité supplémentaire estimée (pied de pilote) pour éviter l'échouage. Si vous naviguez en Manche ou en Atlantique, vous devez obligatoirement disposer des informations concernant les marées.

Pour calculer la profondeur disponible à une heure donnée, vous devez ajouter algébriquement la hauteur d'eau à la sonde (positive ou négative).

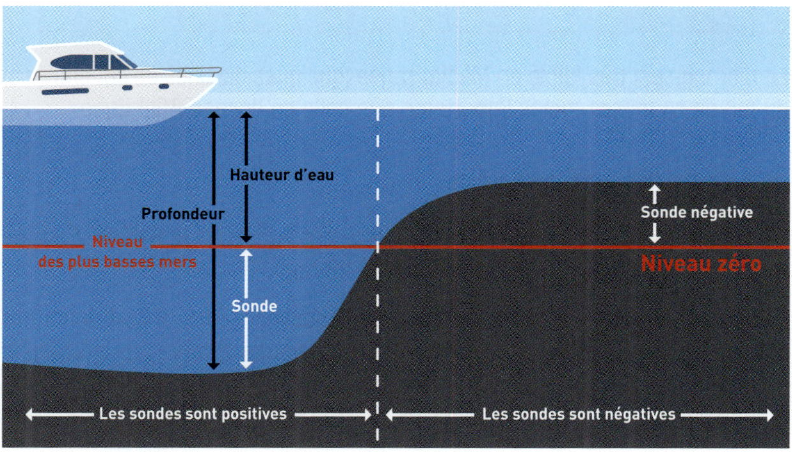

EXEMPLES

Hauteur d'eau = 2 m

Sonde = 2 m

Profondeur = 2 + 2 = 4 m

Hauteur d'eau = 2 m

Sonde = 1 m (= - 1 m)

Profondeur = 2 + (-1) = 1 m

COEFFICIENTS DE MARÉES

Il s'exprime en centièmes et varie de 20 à 120, et indique la force de la marée. Le coefficient moyen est 70.

Les grandes marées ou marées de vives-eaux se produisent lorsque les forces d'attraction de la Lune et du Soleil s'ajoutent. **Les courants sont les plus forts lors des coefficients de marées les plus importants.** Inversement, les marées sont faibles (marées de mortes-eaux) lorsque la Lune est à 90° de l'axe Soleil-Terre (premier ou dernier quartier).

Coefficient	Marée
20	Marée la plus faible.
45	Morte-eau moyenne.
70	Marée moyenne.
95	Vive-eau moyenne
120	Marée la plus forte.

Le marnage est très faible en Méditerranée (quelques dizaines de centimètres) du fait de sa masse moins importante que celle de l'océan Atlantique.

ANNUAIRE DES MARÉES

L'annuaire officiel des marées en France est édité par le SHOM (Service Hydrographique et Océanographique de la Marine).

Il donne les horaires en TU+1 (Temps de Greenwich +1h). Il faut donc être attentif aux changements d'heure (été/ hiver) et ajouter 1 heure aux indications de l'Annuaire des marées de fin mars à fin octobre, pour être à l'heure d'été en France.

Heures UT +1h

Heures et hauteurs des pleines et basses mers - **CALAIS**

Lat. 50° 58´ N
Long. 001° 52´ E

Octobre 2014

Jour	Heures h min	Haut. m	Jour	Heures h min	Haut. m
1	4 00	6,55	16	5 28	5,95
	11 21	1,75		12 21	2,30
Me	16 31	6,50	J	18 02	5,85
☽	23 53	1,85			
2	5 14	6,25	17	1 03	2,55
	12 23	2,00		6 45	5,70
J	17 54	6,25	V	13 43	2,50
				19 26	5,70
3	1 03	2,05	18	2 28	2,60
	6 37	6,10		8 08	5,75
V	13 41	2,10	S	15 04	2,40
	19 21	6,20		20 41	5,90
4	2 26	2,00	19	3 44	2,30
	8 03	6,20		9 12	6,05
S	15 11	1,85	D	16 12	2,05
	20 45	6,50		21 38	6,25
5	3 56	1,65	20	4 44	1,95
	9 19	6,60		10 02	6,45
D	16 33	1,40	L	17 06	1,65
	21 52	6,95		22 24	6,60
6	5 05	1,20	21	5 32	1,60
	10 17	7,05		10 43	6,75
L	17 34	0,95	Ma	17 50	1,40
	22 44	7,35		23 03	6,90
7	6 00	0,90	22	6 11	1,35
	11 04	7,40		11 19	7,00
Ma	18 25	0,70	Me	18 27	1,20
	23 30	7,60		23 37	7,10
8	6 48	0,75	23	6 46	1,20
	11 46	7,60		11 50	7,20
Me	19 12	0,55	J	19 02	1,05
○			●		
9	0 12	7,70	24	0 06	7,25
	7 31	0,65		7 19	1,10
J	12 28	7,70	V	12 19	7,30
	19 55	0,55		19 37	0,95
10	0 55	7,70	25	0 35	7,35
	8 13	0,70		7 54	1,00
V	13 10	7,70	S	12 48	7,35
	20 36	0,60		20 13	0,90
11	1 38	7,60	26	1 07	7,35
	8 52	0,75		8 31	1,00
S	13 52	7,60	D	13 21	7,40
	21 15	0,75		20 51	0,90
12	2 21	7,40	27	1 41	7,35
	9 30	0,90		9 07	1,05
D	14 35	7,35	L	13 57	7,30
	21 52	1,00		21 28	1,00
13	3 02	7,15	28	2 18	7,20
	10 06	1,20		9 45	1,15
L	15 17	7,05	Ma	14 36	7,15
	22 27	1,35		22 07	1,20
14	3 43	6,80	29	3 00	7,00
	10 42	1,55		10 25	1,40
Ma	16 02	6,65	Me	15 24	6,90
	23 05	1,75		22 51	1,45
15	4 30	6,35	30	3 54	6,70
	11 24	1,95		11 12	1,65
Me	16 55	6,25	J	16 27	6,60
☾	23 52	2,20		23 43	1,75
			31	5 04	6,40
				12 12	1,85
			V	17 43	6,40
			☽		

Novembre 2014

Jour	Heures h min	Haut. m	Jour	Heures h min	Haut. m
1	0 48	1,95	16	1 27	2,55
	6 20	6,25		7 02	5,75
S	13 25	1,95	D	14 04	2,45
	19 05	6,35		19 42	5,80
2	2 07	1,95	17	2 43	2,50
	7 43	6,30		8 17	5,90
D	14 52	1,75	L	15 14	2,25
	20 27	6,55		20 49	6,05
3	3 34	1,70	18	3 48	2,20
	8 58	6,65		9 16	6,20
L	16 11	1,40	Ma	16 15	1,90
	21 33	6,90		21 42	6,35
4	4 43	1,35	19	4 44	1,85
	9 57	7,00		10 03	6,55
Ma	17 13	1,05	Me	17 07	1,60
	22 27	7,20		22 25	6,70
5	5 39	1,05	20	5 31	1,55
	10 45	7,30		10 43	6,85
Me	18 05	0,85	J	17 51	1,35
	23 13	7,40		23 03	6,95
6	6 27	0,95	21	6 12	1,35
	11 28	7,45		11 17	7,05
J	18 52	0,75	V	18 31	1,15
○	23 55	7,50		23 36	7,15
7	7 10	0,85	22	6 51	1,15
	12 08	7,55		11 50	7,25
V	19 34	0,75	S	19 11	1,00
			●		
8	0 36	7,50	23	0 09	7,30
	7 51	0,85		7 30	1,00
S	12 50	7,55	D	12 24	7,35
	20 15	0,80		19 52	0,90
9	1 18	7,45	24	0 46	7,40
	8 30	0,90		8 11	0,90
D	13 32	7,45	L	13 02	7,45
	20 53	0,90		20 33	0,85
10	1 59	7,30	25	1 25	7,40
	9 08	1,00		8 52	0,90
L	14 13	7,25	Ma	13 44	7,40
	21 29	1,10		21 16	0,90
11	2 39	7,10	26	2 09	7,35
	9 43	1,20		9 35	1,00
Ma	14 54	7,00	Me	14 30	7,30
	22 03	1,40		21 59	1,05
12	3 18	6,80	27	2 56	7,15
	10 18	1,50		10 19	1,15
Me	15 35	6,70	J	15 22	7,10
	22 38	1,75		22 45	1,25
13	3 59	6,50	28	3 50	6,90
	10 56	1,85		11 07	1,35
J	16 21	6,35	V	16 22	6,85
	23 18	2,10		23 35	1,50
14	4 47	6,15	29	4 51	6,65
	11 42	2,15		12 02	1,55
V	17 15	6,00	S	17 29	6,60
☾			☽		
15	0 11	2,40	30	0 34	1,70
	5 47	5,85		5 59	6,50
S	12 46	2,40	D	13 08	1,70
	18 23	5,80		18 42	6,50

Décembre 2014

Jour	Heures h min	Haut. m	Jour	Heures h min	Haut. m
1	1 44	1,80	16	1 32	2,40
	7 15	6,45		7 02	5,90
L	14 26	1,65	Ma	14 08	2,30
	20 01	6,55		19 39	5,90
2	3 03	1,75	17	2 43	2,35
	8 30	6,55		8 13	6,00
Ma	15 44	1,50	Me	15 15	2,10
	21 09	6,70		20 47	6,10
3	4 16	1,55	18	3 48	2,10
	9 33	6,80		9 14	6,25
Me	16 50	1,30	J	16 17	1,85
	22 07	6,90		21 42	6,35
4	5 16	1,35	19	4 47	1,80
	10 27	7,00		10 05	6,55
J	17 45	1,10	V	17 13	1,55
	22 57	7,10		22 29	6,70
5	6 07	1,20	20	5 39	1,45
	11 13	7,15		10 47	6,85
V	18 33	1,05	S	18 03	1,25
	23 42	7,20		23 10	6,95
6	6 52	1,05	21	6 26	1,20
	11 56	7,25		11 27	7,10
S	19 16	1,00	D	18 50	1,05
○				23 49	7,20
7	0 23	7,25	22	7 11	1,00
	7 33	1,00		12 06	7,35
D	12 36	7,30	L	19 35	0,85
	19 57	0,95	●		
8	1 03	7,25	23	0 30	7,40
	8 13	0,95		7 56	0,80
L	13 17	7,30	Ma	12 50	7,50
	20 36	1,00		20 20	0,75
9	1 42	7,20	24	1 14	7,45
	8 50	1,00		8 41	0,70
Ma	13 57	7,20	Me	13 36	7,55
	21 11	1,15		21 06	0,70
10	2 20	7,10	25	2 01	7,45
	9 26	1,15		9 26	0,70
Me	14 35	7,00	J	14 25	7,45
	21 44	1,35		21 51	0,75
11	2 56	6,90	26	2 50	7,35
	9 59	1,35		10 12	0,80
J	15 11	6,80	V	15 17	7,30
	22 17	1,55		22 37	0,90
12	3 31	6,70	27	3 41	7,20
	10 33	1,60		10 59	0,95
V	15 50	6,55	S	16 11	7,10
	22 51	1,85		23 24	1,15
13	4 11	6,45	28	4 34	6,95
	11 10	1,85		11 50	1,20
S	16 34	6,30	D	17 09	6,80
	23 31	2,10	☽		
14	4 58	6,20	29	0 16	1,40
	11 56	2,10		5 33	6,70
D	17 26	6,05	L	12 48	1,45
☾				18 14	6,55
15	0 23	2,30	30	1 16	1,65
	5 55	6,00		6 41	6,50
L	12 56	2,25	Ma	13 56	1,60
	18 28	5,85		19 28	6,40
			31	2 27	1,80
				7 57	6,40
			Me	15 13	1,65
				20 42	6,40

Pour se rapporter à l'heure d'été (TU + 2h) il faudra, lors des périodes de l'année où elle est en vigueur, ajouter une heure aux heures figurant dans cet annuaire.

REPRÉSENTATION SUR LA CARTE MARINE

Rappelons que la totalité des symboles et des abréviations est répertoriée dans l'ouvrage 1D du SHOM.

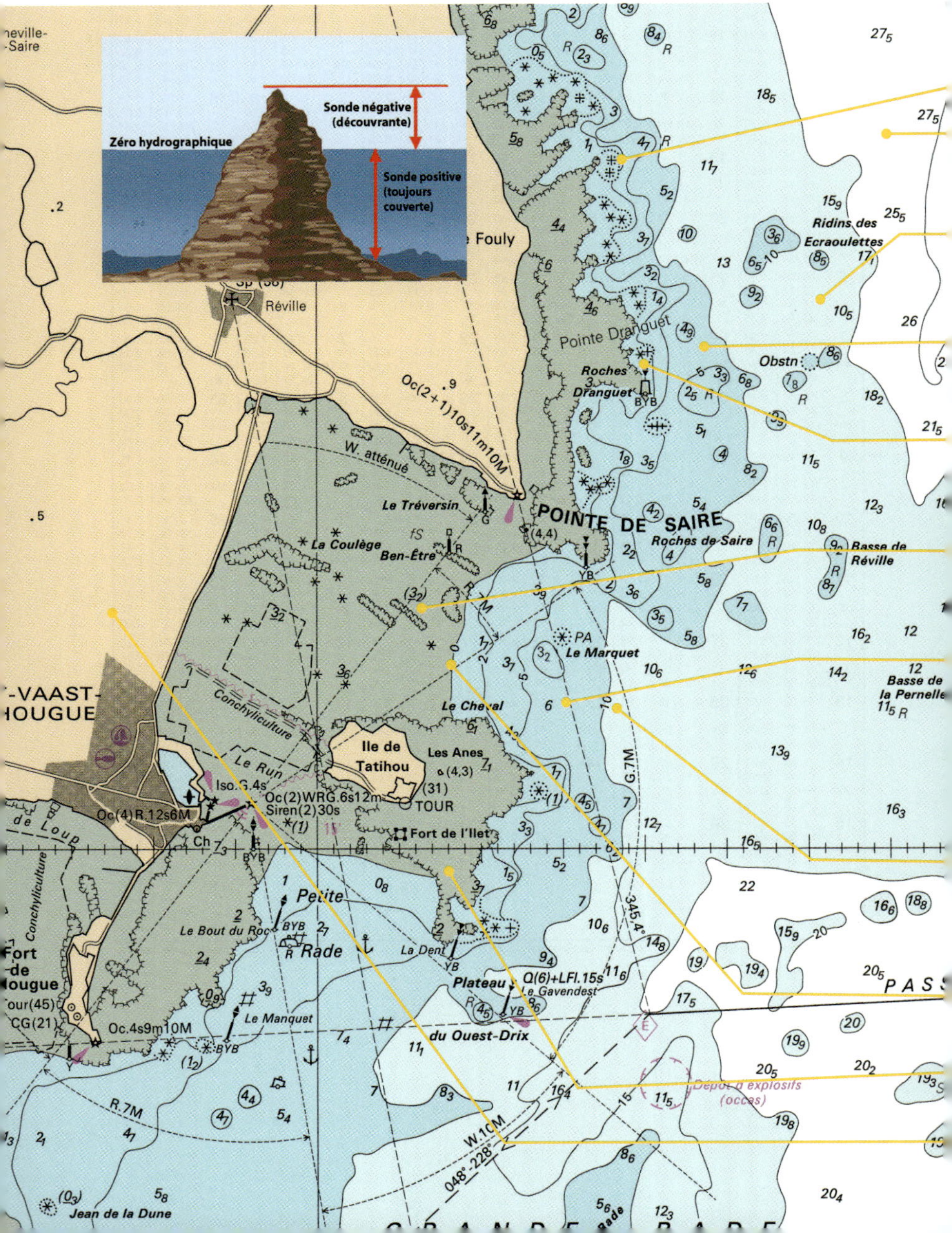

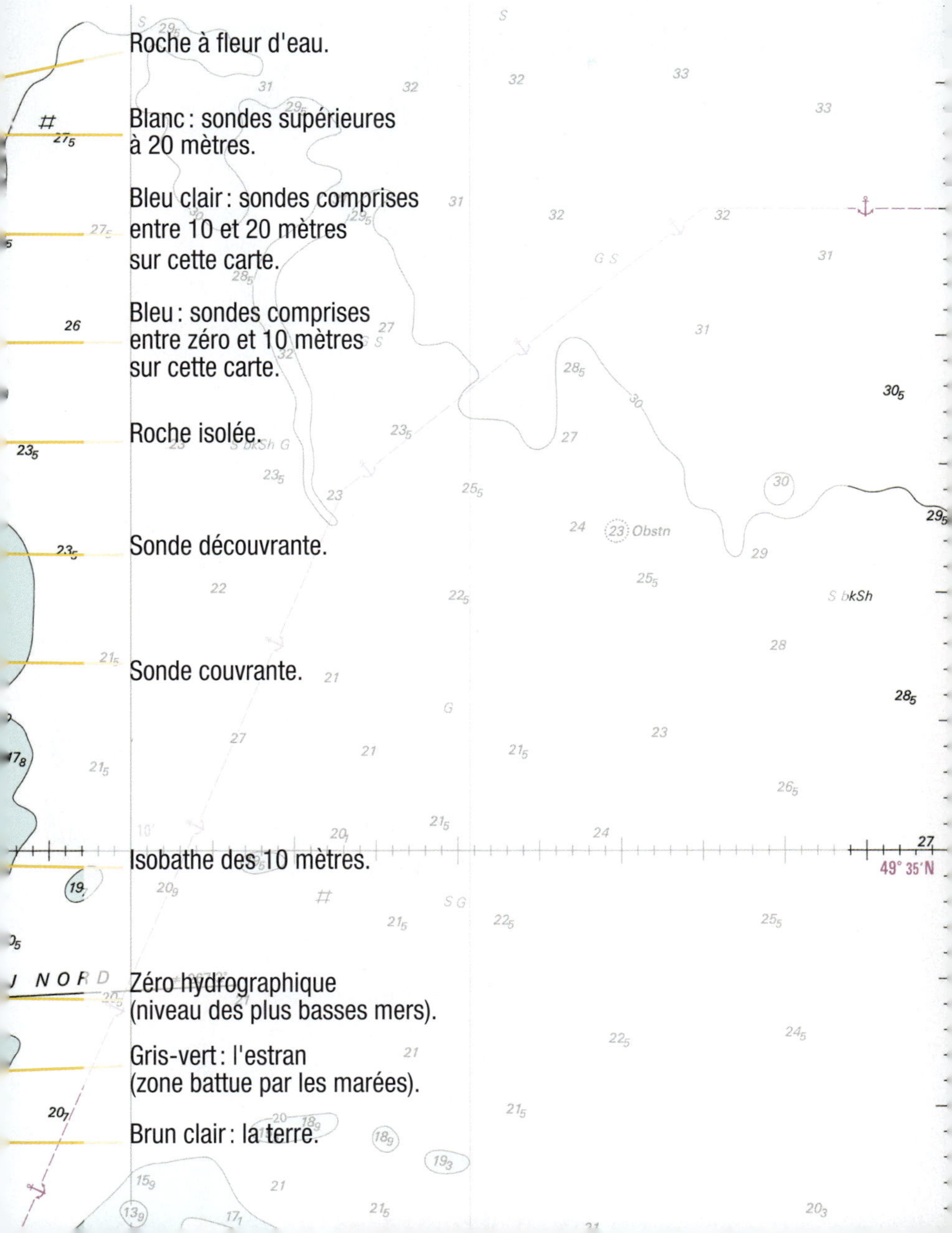
Roche à fleur d'eau.
Blanc : sondes supérieures à 20 mètres.
Bleu clair : sondes comprises entre 10 et 20 mètres sur cette carte.
Bleu : sondes comprises entre zéro et 10 mètres sur cette carte.
Roche isolée.
Sonde découvrante.
Sonde couvrante.
Isobathe des 10 mètres.
Zéro hydrographique (niveau des plus basses mers).
Gris-vert : l'estran (zone battue par les marées).
Brun clair : la terre.
Obstn
49° 35'N

Gargalo
SM A60837

ARMEMENT DE SÉCURITÉ

L'armement de sécurité obligatoire à bord dépend de la distance d'éloignement d'un abri. C'est la Division 240 qui le précise.

L'ensemble du matériel de sécurité est adapté aux caractéristiques du navire.

Il doit être maintenu en bon état de fonctionnement, à jour des visites techniques qui lui sont applicables, et prêt à servir en cas d'urgence. Il ne doit pas être rangé dans la cale moteur d'un navire in-board.

Le matériel pour le petit dépannage n'est pas obligatoire mais il est conseillé.

S'il vous arrive de tomber en panne de moteur, et de dériver vers une zone dangereuse, le matériel de sécurité vous permettra de protéger votre bateau et son équipage, par une mise en œuvre rapide.

Avant d'appeler les secours ou de tenter un dépannage du moteur, le bon réflexe sera sans doute de mouiller l'ancre de votre bateau pour l'immobiliser, si toutefois la profondeur n'est pas trop importante sur le lieu de l'avarie.

ZONES DE NAVIGATION

Il existe 4 zones de navigation :

- basique : < 2 milles d'un abri,
- côtière : < 6 milles d'un abri,
- semi-hauturière : de 6 à 60 milles d'un abri.
- hauturière : > 60 milles d'un abri.

ARMEMENT BASIQUE, CÔTIER, SEMI-HAUTURIER ET HAUTURIER

	Basique	Côtier	Semi-hauturier	Hauturier
Équipement individuel de flottabilité	*	*	*	*
Moyen de repérage lumineux	*	*	*	*
Moyen de lutte contre l'incendie	*	*	*	*
Dispositif d'assèchement manuel	*	*	*	*
Dispositif permettant le remorquage	*	*	*	*
Ligne de mouillage (si masse > 250 kg) sauf VNM	*	*	*	*
Annuaire des marées*	*	*	*	*
Pour les navires francisés le pavillon national et le moyen de l'arborer	*	*	*	*
Dispositif de repérage et d'assistance pour personne tombée à l'eau		*	*	*
3 feux rouges automatiques		*	*	*
Compas magnétique		*	*	*
Cartes marines officielles (papier ou électroniques)		*	*	*
Règlement international pour prévenir les abordages en mer (RIPAM)		*	*	*
Description du système de balisage		*	*	*
3 fusées à parachute et 2 fumigènes flottants ou une VHF fixe			*	*
Radeau de survie			*	*
Matériel pour faire le point			*	*
Livre des feux à jour			*	*
Journal de bord			*	*
Dispositif de réception des bulletins météorologiques			*	*
Harnais et longe par navire pour les non voiliers			*	*
Harnais et longe par personne embarquée pour les voiliers			*	*
Trousse de secours conforme à l'article 240-2,16			*	*
Radiobalise de localisation des sinistres				*
VHF fixe			* (à partir du 01/01/17)	*
VHF portative				*

** Pour l'armement basique et côtier, il suffit d'avoir un moyen de connaître les heures de marée du jour de la zone de navigation.*

↓ Il est plus facile de repérer une personne tombée à l'eau si elle dispose d'un moyen lumineux individuel. Ici **une lampe torche étanches**.

↑ Pavillon national.

↓ ↑ *Règlement international pour prévenir les abordages en mer* (RIPAM).

↓ N'oubliez pas de noter le nom et l'immatriculation du navire.

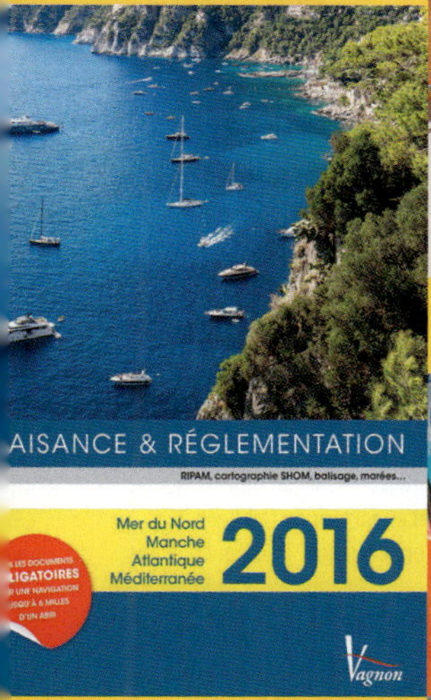

↑ **La ligne de mouillage** comprend :
- une ancre,
- une chaîne,
- un câblot.

Il faut mouiller au minimum 3 fois la profondeur.

L'ancre flottante ne permet pas de stopper un bateau tout au plus de ralentir sa dérive.

↓ La carte marine (papier ou électronique) de la région fréquentée doit être tenue à jour.

→ Les **3 feux rouges automatiques** à main émettent une lueur rouge durant 2 minutes environ. Attention à la date de péremption (3 ans).

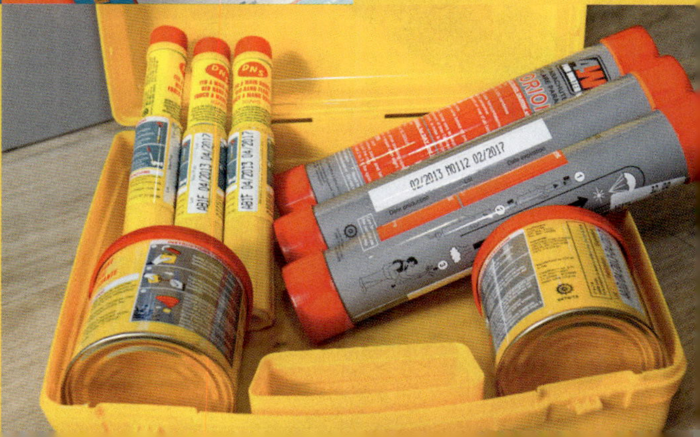

↑ Dispositif de remorquage.

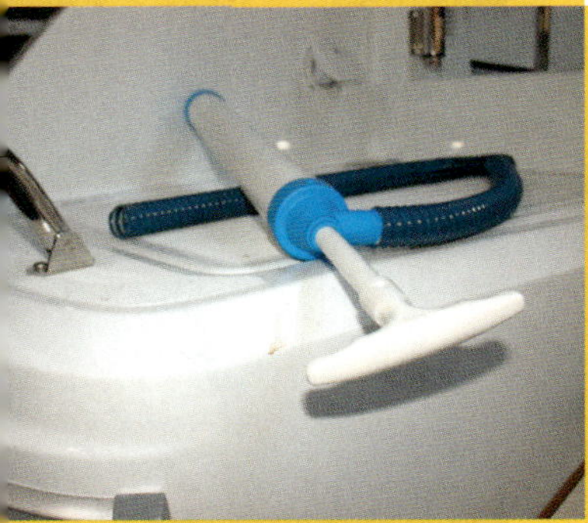

↑ Dispositif d'assèchement manuel.

← Un **moyen de repérage lumineux** permet de localiser de nuit une personne tombée à l'eau ou un VNM en panne.

↓ Il existe plusieurs types de **gilets de sécurité** :
- le gilet à déclenchement hydrostatique,
- le gilet à cartouche de sel,
- le gilet à gonflage buccal.

Seul ce dernier n'est pas réglementaire à bord.
Il doit assurer une flottabilité minimale de 50 newtons jusqu'à 2 milles d'un abri et de 100 newtons en zone côtière pour être homologué. Le gilet de sauvetage "adulte" n'est pas adapté pour un enfant de moins de 37,5 kg.

↑ **L'extincteur** doit être adapté au type de feu à combattre (à poudre ou à mousse).
Pour les bateaux à moteur « in-board », **un dispositif permanent de lutte contre l'incendie est obligatoire.** Il doit pouvoir être actionné sans avoir à ouvrir le compartiment moteur. L'accès de la buse d'extincteur se fait par un orifice réduit. La fréquence des contrôles de ce matériel est fixée par la notice du constructeur.

↑ **Compas magnétique**

ARMEMENT DES VNM

	VNM en position assise et debout jusqu'à 2 milles d'un abri	VNM en position assise jusqu'à 6 milles d'un abri
Équipement individuel de flottabilité	* (50 newtons)	* (100 newtons)
Moyen de repérage lumineux	*	*
Moyen de lutte contre l'incendie	*	*
Dispositif de remorquage	*	*
Un moyen de connaître les heures de marées du jour de la zone de navigation	*	*
3 feux rouges automatiques à main		*
Compas magnétique		*
Cartes marines officielles (papier ou électronique)		*
Système de balisage		*
Règlement pour prévenir les abordages en mer (RIPAM)		*

SÉCURITÉ ET DÉTRESSE

SÉCURITÉ EN MER

⊙ CG

La surveillance maritime est assurée par les sémaphores (CG sur la carte marine). Ces stations côtières sont installées dans des lieux stratégiques.

CROSS (CENTRES RÉGIONAUX OPÉRATIONNELS DE SURVEILLANCE ET DE SAUVETAGE)

Ils sont au nombre de 5 en métropole (plus 2 centres opérationnels en Outre-mer).

Ils assurent la coordination des opérations de sauvetage. L'alerte donnée, le CROSS déclenche l'opération de sauvetage en faisant intervenir, en fonction des circonstances, la SNSM, la Marine nationale, les Affaires maritimes, etc. Au large, les navires sur zone peuvent être également alertés.

Outre le sauvetage, les CROSS assurent :

- la surveillance de la navigation maritime (constats d'infraction aux règles de la navigation, interventions éventuelles de remorqueurs de haute mer),
- la fourniture d'informations nautiques et météorologiques aux navires,
- **la diffusion des alertes météo - BMS côte à partir de force 7 - Avis de grand frais,**
- la surveillance des pêches maritimes,
- la surveillance des pollutions maritimes permettant, le cas échéant, le déclenchement du plan POLMAR.

Si l'on ne dispose pas d'un appareil VHF, on peut contacter le CROSS en composant le 196 sur son téléphone portable.

COORDONNÉES DES CROSS

GRIS-NEZ / Manche Est
Pas de Calais
Tél. 03 21 87 21 87

JOBOURG / Manche Centrale
Tél. 02 33 52 16 16

CORSEN / Manche Ouest
Tél. 02 98 89 31 31

ETEL / Atlantique
Tél. 02 97 55 35 35

La GARDE / Méditerranée
Tél. 04 94 61 16 16

CORSE / La Corse
Tél. 04 95 20 13 63

ANTILLES-GUYANE / Atlantique
Zone Caraïbes
Tél. 05 96 70 92 92

RÉUNION / Océan indien
Tél. 02 62 43 43 43

RISQUES EN MER

ANCRE QUI CHASSE

Le bateau au mouillage tourne autour de son ancre en fonction du vent local et peut déraper, pensez à mouiller une longueur de chaîne égale à au moins trois fois la profondeur disponible.

Si les conditions se dégradent, n'hésitez pas à mouiller davantage et n'oubliez pas de tenir compte de la marée !

VOIE D'EAU

Un entretien régulier de votre bateau est primordial. Un hublot mal fermé, une fuite sur une vanne sanitaire ou un presse-étoupe peuvent être à l'origine d'une voie d'eau.

INCENDIE

Vérifiez vos extincteurs ! Lors de votre formation pratique, votre instructeur vous montrera leur mise en œuvre rapide.

DÉTRESSE

À la vue d'un de ces signaux, on doit porter secours si cela ne met pas en danger son bateau et son équipage.

FEU AUTOMATIQUE À MAIN

Sur un feu rouge, automatique à main, une date de péremption est inscrite (validité 3 ans). Il faut respecter ces dates de péremption sous peine de procès-verbal en cas de contrôle !

Il produit une lumière rouge durant 2 minutes. Il faut tenir l'engin incliné vers l'extérieur, sous le vent et faute de gants se protéger la main d'un chiffon sec.

FUSÉE À PARACHUTE

Projetée en l'air à 300 m d'altitude. Elle dure 20 à 30 secondes.

MIROIR DE SIGNALISATION

Il permet d'alerter en réfléchissant les rayons du soleil.

MOUVEMENTS DES BRAS

Mouvements lents et répétés de haut en bas des bras étendus de chaque côté du corps.

SON CONTINU

PAVILLONS N ET C

VHF

- Signal émis en phonie sur le canal 16 : MAYDAY MAYDAY MAYDAY.
- Signal de détresse codé en VHF-ASN canal 70.

TÉLÉPHONE PORTABLE

Le 196, pour joindre le CROSS.

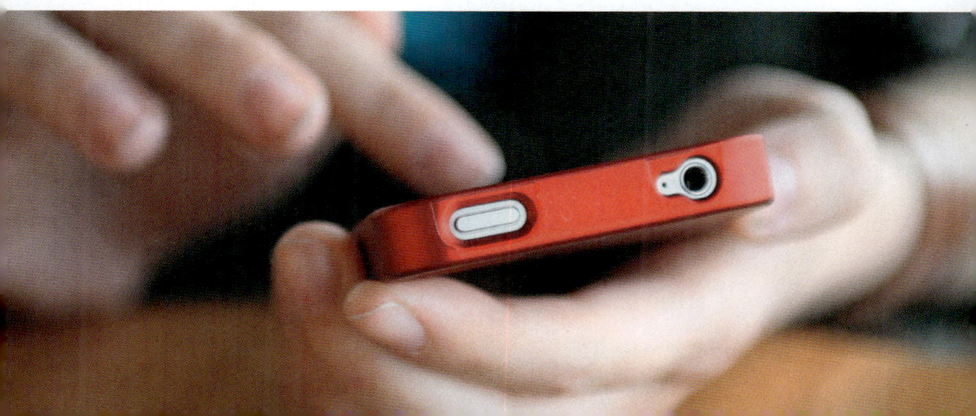

ENVIRONNEMENT ET AUTRES NOTIONS

ÉCOLOGIE

PRÉCAUTIONS

- Quand vous prévoyez de mouiller, inquiétez-vous de la nature des fonds, afin de détériorer le moins possible les herbiers.
- Évitez de traîner l'ancre sur le fond.
- En relevant votre ancre, rincez-la pour ne pas transporter des morceaux d'algues ailleurs : c'est ainsi que la *Caulerpa taxifolia* surnommée « algue tueuse » s'est propagée sur toute la Méditerranée.

- Vous ne devez pas jeter de sac plastique à la mer. Il faudra entre 100 et 500 ans pour qu'il se dégrade.
- En cours de navigation, si vous constatez une zone polluée, vous devez la signaler immédiatement aux autorités maritimes.
- Un réservoir d'eaux « noires » récupère les effluents sales de votre bateau. Vous viderez le réservoir, aux bornes de vidange spécialisées du port.

- Respectez une distance de 100 m lorsque vous rencontrez un cétacé.
- Le carénage (nettoyage de la coque) ne doit pas être effectué en « sauvage » sur une plage, mais dans un chantier équipé de bacs de rétention des produits chimiques. Les produits à base de chlore sont dangereux. Ils sont à proscrire absolument.
- En entretenant la coque de votre bateau, vous éviterez la prolifération des algues et réduirez votre consommation de carburant.
- Vous avez décidé d'utiliser une peinture « anti-salissures » : elle ne doit pas contenir d'étain.
- Au remplissage du réservoir du bateau, il faut éviter de laisser partir des hydrocarbures dans l'eau. Si vous devez transvaser du carburant d'un jerrican dans une nourrice, il est recommandé de le faire à terre, en utilisant un entonnoir adéquat, pour éviter tout débordement. Les fuites de carburant se retrouvent dans les fonds et des émanations désagréables et dangereuses envahissent le bateau.

• Un entretien régulier du moteur évite une consommation excessive, et en diminuant les rejets limite la pollution.

NATURA 2000

Natura 2000 est né de la volonté de maintenir la biodiversité tout en tenant compte des activités sociales, économiques, culturelles et régionales. Natura 2000 compte aujourd'hui 25 000 sites sur l'ensemble du territoire de l'Union européenne dont 1 700 sites, le réseau national. Ces sites sont identifiés pour la rareté et la fragilité des espèces animales et végétales qui s'y rencontrent. On peut toutefois les visiter.

NATURA 2000

La côte de granit rose en Bretagne fait partie du réseau Natura 2000.

CONSOMMATION

La consommation de carburant augmente avec la vitesse. Elle augmente également en naviguant face au vent et aux vagues. C'est pourquoi il faut toujours prévoir une marge de sécurité de 30 %.

240
250
260
270
280
290

RADIOCOMMUNICATIONS

CONNAISSANCES GÉNÉRALES

De nombreux moyens de communication existent en mer : du poste VHF le plus simple à la transmission par satellites, ils sont utilisés dans le but principal d'assurer une meilleure sécurité.

Le SMDSM (Système Mondial de Détresse et de Secours en Mer) a été mis en place pour assurer une cohérence et une couverture de la quasi-totalité du globe terrestre.

La radio en mer a pour but essentiel la sauvegarde de la vie humaine, par conséquent les conversations privées sont limitées au strict nécessaire.

Pour communiquer en mer à courte distance les postes les plus utilisés sont les VHF (Very High Frequency) qui transmettent en modulation de phase sur la gamme des 156 MHz. Il en existe essentiellement 2 modèles. Il est strictement interdit d'utiliser un poste VHF à terre ! Ces appareils sont réservés à une utilisation à bord d'un navire en mer ou en eaux intérieures. Si la VHF n'est pas obligatoire pour une navigation côtière, elle est fortement recommandée.

POSTE VHF PORTATIF

L'appareil VHF portatif comporte les canaux utilisés sur un appareil VHF fixe. La puissance d'émission, qui ne doit pas dépasser 6 watts, en réduit la portée à une dizaine de milles.

Il permet de communiquer en tout point du bateau. L'appareil peut être emporté sur une annexe en cas d'urgence.

POSTE FIXE VHF-ASN

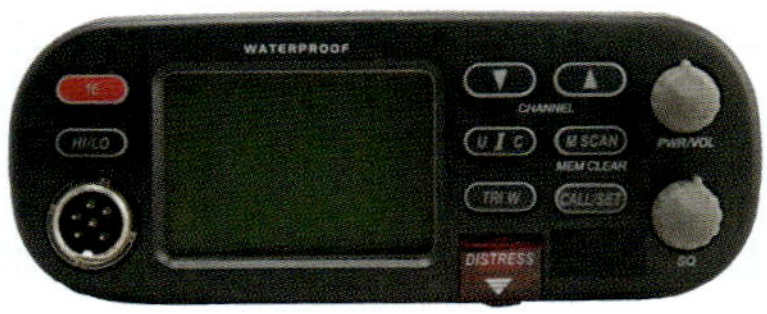

C'est un poste fixe, pouvant émettre en 1 ou 25 watts, capable de transmettre certaines données numériques.

L'appel vers un poste VHF-ASN peut être ciblé :

- le contrôleur ASN (Appel Sélectif Numérique) permet de transmettre et de recevoir automatiquement des appels de détresse, d'urgence ou de sécurité ainsi que d'établir un contact direct avec les autres navires et les stations côtières.
- **couplé à un GPS, le poste VHF-ASN peut alors transmettre les coordonnées géographiques d'une position.**

Dans certains cas, une émission en phonie peut également permettre la localisation.

Seuls les postes VHF-ASN sont en vente. Cependant les anciens postes fixes VHF peuvent encore être utilisés.

À l'étranger, le plaisancier doit être titulaire du CRR (Certificat Restreint de Radiotéléphoniste).

Le dispositif ASN permet de sélectionner et de codifier un certain nombre de situations de détresse, d'urgence ou de sécurité.

Il est important de connaître les mots anglais (code international) qui les décrivent :

Information sur le récepteur VHF-ASN	Traduction
MOB (Man Overboard)	Homme à la mer
Adrift	À la dérive (bateau)
Flooding	Voie d'eau
Grounding	Échouement (involontaire)
Listing	Bateau gîté pouvant chavirer
Sinking	Le bateau coule

SMDSM (SYSTÈME MONDIAL DE DÉTRESSE ET DE SÉCURITÉ EN MER)

C'est un système de radiocommunication intégré, de couverture mondiale, coordonné au niveau international, basé sur des systèmes de télécommunications automatiques et faisant appel à de nouvelles technologies (satellites, Appel Sélectif Numérique...) et à de nouvelles procédures d'exploitation.

Il permet :

- à tout navire, d'assurer les communications indispensables à sa sécurité et à celle des navires qui lui sont proches,
- aux organismes chargés des secours d'être alertés rapidement en cas de détresse.

FONCTIONS DU SMDSM

- Émettre des alertes de détresse navire-terre par au moins 2 moyens distincts et indépendants, utilisant chacun un service radio différent.
- Recevoir des alertes de détresse terre-navire.
- Émettre et recevoir des alertes de détresse navire-navire.
- Émettre et recevoir des communications concernant la coordination des opérations de sauvetage et de recherche.
- Émettre et recevoir des communications sur site.
- Émettre et recevoir des signaux destinés au repérage.
- Émettre et recevoir des Renseignements sur la Sécurité Maritime (RSM).
- Émettre et recevoir des communications d'intérêt général.
- Émettre et recevoir des communications de passerelle à passerelle (entre navires).

ZONES COUVERTES PAR LE SMDSM

Pour assurer ces fonctions du SMDSM, l'OMI (Organisation Maritime Internationale) a défini 4 zones océaniques correspondant aux couvertures des différents moyens de radiocommunication utilisés.

Zone A1 (celle de la VHF) : zone de couverture, d'au moins une station côtière VHF, dans laquelle la fonction ASN (Appel Sélectif Numérique) est disponible en permanence (portée radio : 20 à 30 milles).

Les Zones A2, A3 et A4 concernent les navires situés à plus de 30 milles des côtes, qui utilisent d'autres moyens de communication (satellites, etc.).

ACTEURS DU SMDSM

- **SAR (SEARCH AND RESCUE)**

Cette organisation regroupe les intervenants participant directement aux opérations de coordination des secours : les CROSS.

- **ANFR (Agence Nationales des Fréquences Radio)**

Elle gère les procédures administratives relatives à la VHF et les attributions des licences.

Tout propriétaire ou utilisateur d'un navire doit être en possession d'une licence autorisant l'installation et l'exploitation de la station de bord. Tous les postes sont soumis à cette règle.

Les informations inscrites sur la licence de la station sont :

- le nom du navire,
- l'indicatif d'appel de la station,
- les coordonnées du titulaire,
- l'immatriculation du navire,
- la mention du code d'identification de l'autorité comptable, le cas échéant,
- le MMSI (Maritime Mobile Service Identity) pour les navires participant au SMDSM,
- une description succincte des équipements radioélectriques.

Ne pas confondre la licence de la station et le CRR (certificat de l'opérateur).

MMSI (MARITIME MOBILE SERVICE IDENTITY)

RÔLE

C'est un indicatif d'appel, délivré gratuitement par l'ANFR (Agence Nationale des Fréquences Radio) **pour codifier chaque station d'une manière unique.** Il comprend la nationalité et l'identité du navire. Il est interdit d'utiliser le même indicatif pour plusieurs installations, même si elles appartiennent au même propriétaire.

Ce code, qui peut être programmé et enregistré dans les appareils performants (VHF-ASN), est transmis en début de message et permet d'identifier les correspondants.

STRUCTURE

Il est composé de 9 chiffres. Les 3 premiers chiffres sont le MID (Maritime Identification Digit) qui indique la nationalité du navire ou de la station (exemple pour la France : 227). Les 6 chiffres suivants identifient le navire.

Les stations côtières, et en particulier les CROSS ont un MID particulier.

Rappelons que les CROSS sont chargés de la coordination des secours et de transmettre les Bulletins Météo Spéciaux (BMS). Ils assurent une veille permanente en VHF et ont les indicatifs suivants :

CROSS Gris-Nez	00 227 5100
CROSS Jobourg	00 227 5200
CROSS Corsen	00 227 5300
CROSS Etel	00 227 5000
CROSS La Garde	00 227 5400

En été, 2 sous-CROSS viennent renforcer la surveillance : celui du Verdon

(Sud-Ouest) et d'Ajaccio (Corse). À l'étranger les CROSS se dénomment MRCC : Marine Rescue Coordination Center.

Au cours d'une transmission en VHF-ASN, le numéro de MMSI est transmis directement par voie numérique. **L'émission et la réception ASN se font uniquement sur le canal 70.**

CONFORMITÉS DES ÉQUIPEMENTS

Les appareils installés doivent être conformes soit à la directive européenne (R&TTE), soit à la directive communautaire, dite « MED ». Ils doivent donc porter au minimum un de ces marquages.

UTILISATION D'UN POSTE VHF

CONNEXION

Un bouton "On/Off" (Power) permet d'activer et de désactiver l'appareil.

VOLUME

Un potentiomètre permet de régler le niveau de réception (volume).

SQUELCH

Le squelch est un dispositif de réglage de la sensibilité de la réception de la VHF. Il force le récepteur à être silencieux quand celui-ci ne reçoit aucun signal ou lorsque ce signal est inférieur à un certain seuil.

PUISSANCE DE SORTIE

Un bouton, généralement appelé "Hi/Lo" (High/Low) offre 2 possibilités :

- une puissance d'émission normale : 25 watts (sur les portatifs : 6 watts maxi),
- une puissance réduite : 1 watt.

Pour un message de détresse, il faut vérifier la puissance d'émission pour qu'elle soit à son maximum.

Dans les zones portuaires, et pour des liaisons à courte distance, où le nombre de canaux autorisés est limité (par exemple les canaux de liaisons : navire-navire), il est conseillé d'utiliser la puissance réduite pour éviter les brouillages et les effets de capture, lors de l'utilisation simultanée du même canal, par plusieurs navires éloignés de quelques milles seulement.

SÉLECTION DES CANAUX

Différents dispositifs existent suivant le type de poste pour sélectionner un canal. Cela peut être un bouton rotatif, des touches “Up” et “Down” ou encore des touches “+” et “-”. Il existera toujours un bouton avec repère 16 permettant d’accéder directement au canal 16 (canal d’appel et de détresse).

CANAUX D’APPEL

Les canaux ont été répartis sur les fréquences et sont affectés à certains types de communications :

N° de Canal	Type de communication
16	**Appel de détresse en phonie et canal d’appel**
09	**Capitainerie de port de plaisance**
06, 08, 72, 77	**Liaisons entre navires**
03, 04, 13...	Réservé au CROSS
07, 11, 17,...	Réservé à la Marine nationale
13, 63, 64, 79, 80...	Autorités portuaires
70	**Canal automatique de veille ASN (numérique)**

VEILLE MULTIPLE

Ce dispositif, est activé sur le poste par un bouton appelé **« DUAL »** ou **« D W »** (Dual Watch) ou **« TRI W »**, et permet de veiller le canal de détresse tout en étant positionné sur un autre canal choisi. Le poste scanne en réception sur le canal 16 pendant quelques fractions de secondes toutes les 2,5 secondes quel que soit son réglage.

Ce dispositif permet aux navires non astreints, (les plaisanciers) qui n’ont pas l’obligation d’assurer la veille permanente sur le canal 16, d’être alertés.

COMMANDE D’ÉMISSION

Le combiné raccordé au poste fixe possède une touche sur le microphone, en général (Push To Talk) qui permet d’alterner émission et réception (Mode Simplex). En maintenant la pression sur cette touche, l’appareil est dans le mode « émission » et il est possible de parler ; en relâchant la pression sur cette touche, l’appareil est dans le mode réception, en écoute.

Il n’**est donc pas possible de parler en même temps que son interlocuteur.**

ANTENNE VHF

L'antenne a un double but :

- propager l'énergie électromagnétique sur la fréquence choisie,
- capter un maximum d'énergie électromagnétique en réception.

Elle doit être accordée à la bande de fréquences de l'émetteur-récepteur et placée, à distance si possible de tout objet métallique important.

RADIOTÉLÉPHONIE EN VHF

COMMUNICATIONS RELATIVES À LA SAUVEGARDE DE LA VIE HUMAINE EN MER

C'est l'objet principal des messages radio. Rappelons que les CROSS assurent une veille permanente en VHF. Pour permettre la réception des messages, les émissions sur la fréquence internationale d'appel et de détresse (canal 16) devront être réduites au minimum.

Il existe 3 types de messages. Ils s'adressent à tout navire et à toute station côtière.

Type	Priorité	Appel utilisé en phonie
Détresse	Absolue	MAYDAY
Urgence	2	PAN-PAN
Sécurité	3	SÉCURITÉ

APPEL DE DÉTRESSE

L'appel sera formulé en phonie, sur le canal 16, comme suit :

MAYDAY (3 fois) - ICI - le nom du navire (3 fois) - l'indicatif d'appel du navire (1 fois)

TEXTE DU MESSAGE DE DÉTRESSE

- MAYDAY (3 fois) - Nom du navire (3 fois) - Indicatif d'appel du navire (1 fois).
- Position du navire : coordonnées géographiques ou relative à un point fixe connu.
- Nature de la détresse.
- Type d'assistance requise.
- Nombre de personnes à bord.
- Intentions du chef de bord.
- Tout renseignement destiné à faciliter les secours.

Le message sera répété, autant de fois qu'il sera possible, jusqu'à ce qu'une station côtière ou un navire ait répondu.

RÉCEPTION

À la réception, si aucune station n'a répondu dans un délai de 5 minutes, indiquer au bateau en détresse qu'il a été entendu et que vous pouvez lui porter secours : essayer d'avertir une station côtière ou un centre de secours.

APPEL D'URGENCE

L'appel sera formulé en phonie sur le canal 16, comme suit :

PAN-PAN (3 fois) – ICI - le nom du navire (3 fois) - l'indicatif d'appel du navire (1 fois)

TEXTE DU MESSAGE D'URGENCE

- PAN-PAN (3 fois) - Nom du navire (3 fois) - Indicatif d'appel du navire (1 fois).
- Position du navire : coordonnées géographiques ou relative à un point fixe connu.
- Nature de la panne ou du problème : le moteur ne démarre plus, défaut carburant, etc.
- Type d'assistance requise : demande de remorquage par exemple.
- Nombre de personnes à bord.
- Intentions du chef de bord.
- Tout renseignement destiné à faciliter les secours.

Le message sera répété, autant de fois qu'il sera possible, jusqu'à ce qu'une station côtière ou un navire ait répondu.

RÉCEPTION

À la réception, si aucune station n'a répondu dans un délai de 5 minutes, indiquer au bateau en difficulté qu'il a été entendu et qu'il peut lui porter secours. Essayer d'avertir une station côtière ou un centre de secours.

Cette réponse se fera comme suit :

- PAN-PAN (1 fois).
- Nom et indicatif du navire en difficulté (1 fois).

- ICI - Nom et indicatif du navire qui répond (1 fois) - REÇU PAN-PAN (1 fois).
- Demande d'infos complémentaires si besoin et annoncer - délai pour se rendre sur zone, si cela est possible.

APPEL DE SÉCURITÉ

L'appel sera formulé en phonie sur le canal 16, comme suit:

SÉCURITÉ (3 fois) - ICI - Nom du navire (3 fois) - Indicatif d'appel du navire (1 fois)

TEXTE DU MESSAGE DE SÉCURITÉ

- SÉCURITÉ (3 fois) - Nom du navire (3 fois) - Indicatif d'appel du navire (1 fois).
- Position du navire: coordonnées géographiques ou relative à un point fixe connu.
- Nature de l'observation ou du problème: ex: container à la dérive, etc.
- Tout renseignement pouvant intéresser les autres navires.
- Le message sera répété si nécessaire.

COMMUNICATION SIMPLE

Un premier appel simple vers un navire se fait sur le canal 16 (canal d'appel et de détresse). Il faut éviter d'encombrer ce canal et dégager sur une fréquence « navire-navire » pour poursuivre la communication.

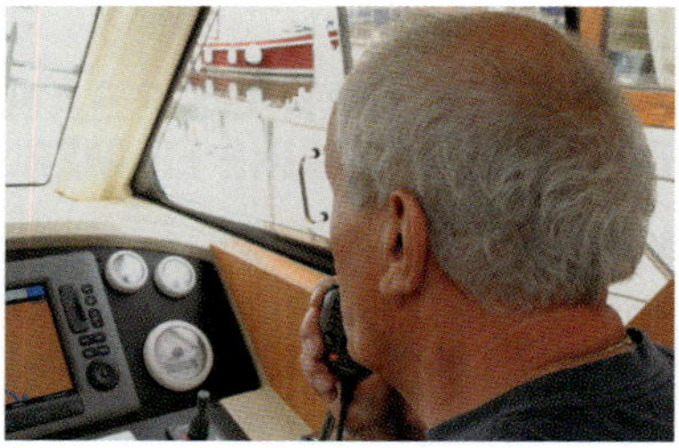

ALPHABET PHONÉTIQUE INTERNATIONAL

L'alphabet phonétique international permet de transmettre avec moins de risques d'erreurs les mots (nom du navire, indicatif, abréviation) transmis par radiotéléphonie. Les mots ou les nombres sont épelés en faisant correspondre chaque lettre à un mot reconnu dans le langage international et qui « passe bien » en phonie. La première lettre se reconnaît plus facilement.

Par exemple : le mot « NAVIRE » sera épelé :
« NOVEMBER ALPHA VICTOR INDIA ROMEO ECHO ».

TABLEAU D'ÉPELLATION DE L'ALPHABET PHONÉTIQUE INTERNATIONAL

Lettre à transmettre	**Mot de Code**	**Lettre à transmettre**	**Mot de Code**
A	Alfa	N	November
B	Bravo	O	Oscar
C	Charlie	P	Papa
D	Delta	Q	Québec
E	Echo	R	Romeo
F	Foxtrot	S	Sierra
G	Golf	T	Tango
H	Hotel	U	Uniform
I	India	V	Victor
J	Juliett	W	Whiskey
K	Kilo	X	X-ray
L	Lima	Y	Yankee
M	Mike	Z	Zulu

ASN

COMMUNICATIONS RELATIVES À LA SAUVEGARDE DE LA VIE HUMAINE EN MER

Nous avons vu que les appareils VHF couplés à un contrôleur ASN (ou disposant d'un ASN intégré) permettent d'alerter et de transmettre en mode numérique, sur le canal 70, des messages et des alertes.

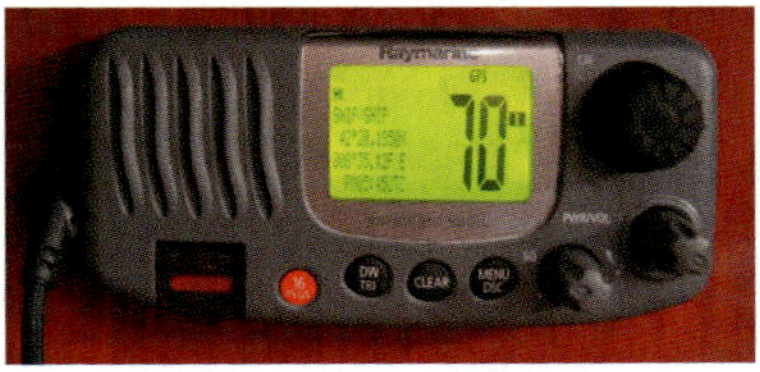

Ainsi 3 types de messages peuvent être envoyés :

- DÉTRESSE
- URGENCE (SÉCURITÉ)
- ROUTINE

Ces messages peuvent être pré-enregistrés (informations-type sur les problèmes qui peuvent affecter le bateau ou son équipage). Ces informations peuvent être transmises pour un appel de détresse de la manière suivante.

Si le poste VHF-ASN est couplé à un GPS, il est possible de transmettre la position du bateau en latitude et longitude simultanément à l'appel de détresse ASN.

Soulever sur le poste le clapet rouge « DISTRESS » réservé à l'appel de détresse ASN. Maintenir le bouton enfoncé pendant 5 secondes puis le relâcher.

Les CROSS et stations côtières ainsi que les navires proches en veille ASN reçoivent une alerte ASN ainsi que la position du navire émetteur. Un accusé de réception (acknowledgement) arrive sur votre appareil. Vous pouvez transmettre en phonie aussitôt, sur le canal 16.

AUTRES COMMUNICATIONS

APPELS DE ROUTINE

L'avantage en VHF-ASN est de pouvoir appeler un correspondant précis, si l'on connaît son MMSI. Ceci évite d'encombrer le canal 16 par des appels préalables. Il reçoit une alerte sur son contrôleur ASN.

Il est ainsi informé des messages reçus en son absence, peut faire défiler ces messages et reconnaître l'identification de celui qui l'a appelé. Les correspondants dégagent ensuite sur un canal navire-navire pour converser en phonie.

APPELS VERS LE RÉSEAU TÉLÉPHONIQUE

Certaines stations côtières peuvent assurer un service de liaison téléphonique vers un abonné dans des cas bien particuliers (consultation médicale, urgence particulière). Ce n'est cependant pas la mission du CROSS !

APPEL DE DÉTRESSE OU D'URGENCE ERRONÉS

Il faut absolument annuler un appel de détresse erroné !

S'il s'agit, à la suite d'une fausse manipulation d'un appel ASN, le signaler aussitôt en mode ASN et indiquer en phonie sur le canal 16 qu'il s'agit d'une erreur. Attention : le chef de bord peut être poursuivi pénalement en cas de non-respect de ces consignes.

Vous avez pu mesurer toute l'importance du canal 16 qu'il importe de laisser dégagé pour les urgences.

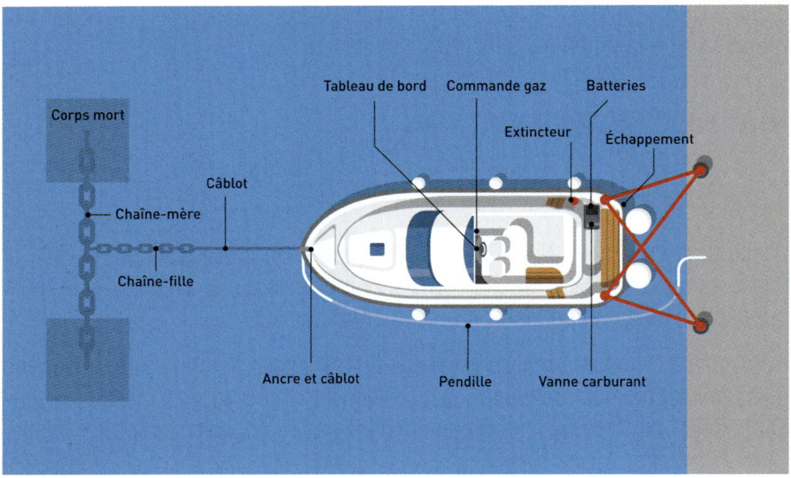
Tableau de bord
Commande gaz
Batteries
Corps mort
Extincteur
Échappement
Câblot
Chaîne-mère
Chaîne-fille
Ancre et câblot
Pendille
Vanne carburant

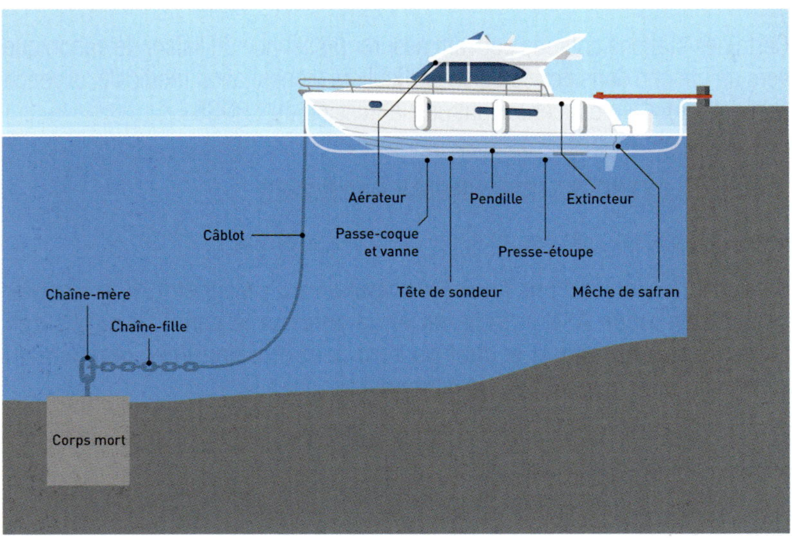
Aérateur
Pendille
Extincteur
Câblot
Passe-coque
et vanne
Presse-étoupe
Tête de sondeur
Mèche de safran
Chaîne-mère
Chaîne-fille
Corps mort

FORMATION PRATIQUE

METTRE EN ROUTE LE MOTEUR, ASSURER UN DÉMARRAGE EN SÉCURITÉ.

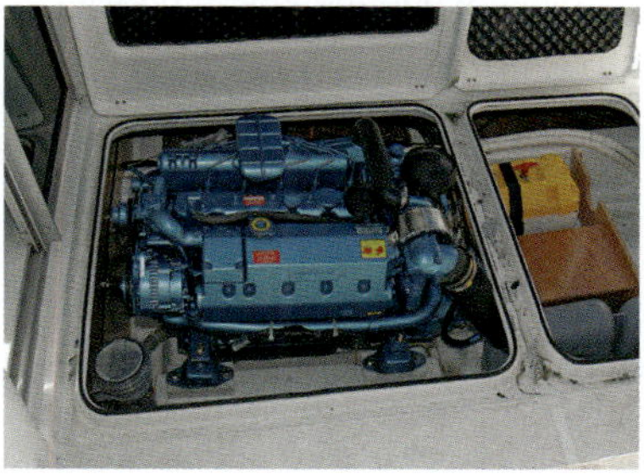

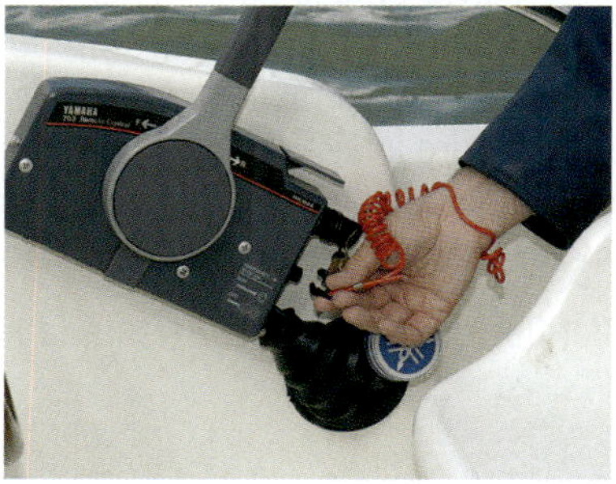

- Ventilez fortement le compartiment moteur en mettant le ventilateur en route durant au moins 5 minutes. Par temps chaud et si vous avez un moteur à essence intérieur, ventilez davantage que pour un moteur Diesel.
- Vérifiez le niveau d'essence du réservoir et/ou le raccordement des nourrices.
- Vérifiez le niveau d'huile sur la jauge. Vérifiez le niveau d'huile du réducteur s'il y en a un.
- Ouvrez la prise d'eau à la mer.
- Vérifiez la crépine d'aspiration à la mer ainsi que la crépine d'aspiration de la pompe de cale.
- Vérifiez l'état de la batterie d'accus (niveau de l'électrolyte et serrage des cosses).
- Mettez au point mort et assurez-vous qu'il n'y a pas d'obstacle à l'hélice (cordage par exemple).
- Branchez le cordon coupe-circuit de sécurité.
- Le moteur étant débrayé, dégommez-le si nécessaire par quelques tours (à froid).
- Mettez un peu de gaz et de starter. Effectuez le préchauffage sur un Diesel si ce dispositif existe.

MAÎTRISER SA TRAJECTOIRE, SUIVRE UN CAP, EFFECTUER DES VIRAGES

Pour naviguer en ligne droite, il est préférable d'adopter une vitesse constante.

Vous devrez anticiper à la barre les mouvements du bateau. Viser un point éloigné sur la rive favorisera le maintien d'une trajectoire rectiligne.

Si vous devez virer à droite ou à gauche, assurez-vous que vous pouvez le faire sans danger en observant le plan d'eau et les embarcations présentes.

Pour faire un demi-tour, anticipez la remise dans l'axe de la barre pour éviter de dériver.

Pour suivre un cap au compas, vous devrez faire correspondre la direction demandée au compas avec un point sur l'horizon. Ceci vous évitera de louvoyer. Les corrections à la barre devront être de faible amplitude. Il faut s'astreindre à faire revenir le navire :

- sur la gauche, quand le cap a augmenté de valeur,
- sur la droite, quand le cap a diminué de valeur.

Vérifiez que vous n'avez rien à la traîne qui risquerait de se prendre dans l'hélice.

MAÎTRISER SA VITESSE

Vous devrez accélérer et ralentir progressivement pour ne pas surprendre vos passagers. Votre vitesse devra être fonction de l'état de la mer.

Attention à la vitesse dans la bande des 300 mètres du rivage.

MAÎTRISER LA PROPULSION

Cet exercice vous permettra de vous familiariser avec le levier de commande marche avant et arrière.

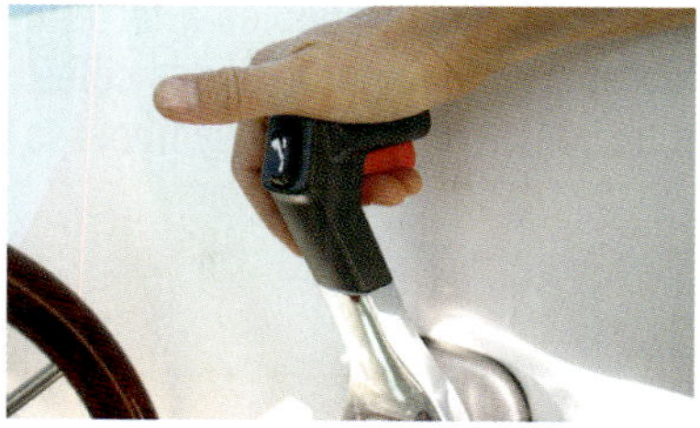

SAVOIR S'ARRÊTER

Cet exercice demande de casser votre erre en utilisant la marche arrière. Vous réduisez les gaz puis vous passez au point mort. Ce n'est qu'après que vous devrez passer la marche arrière en remettant les gaz. Le bateau court sur son erre puis s'immobilise. Là aussi, votre vague peut vous rattraper et secouer l'embarcation.

Surtout, ne pas passer brutalement de la marche avant à la marche arrière !

MAÎTRISER LA MARCHE ARRIÈRE

Si le moniteur vous demande, une fois que vous avez stoppé, de continuer en marche arrière, votre bateau reculera dans le sens où vous avez orienté la barre. Habituez-vous à ce genre de navigation en arrière car il est fréquent de sortir de cette manière d'une rade encombrée.

Reculer en ligne droite est un exercice qui doit se faire progressivement.

MAÎTRISER L'UTILISATION DES ALIGNEMENTS

Les points remarquables à terre, c'est-à-dire les amers, sont utilisés pour le repérage à l'approche des côtes. Par exemple, les clochers, les châteaux d'eau, les tours. Ils sont symbolisés sur la carte marine de cette manière.

Chapelle, église, cathédrale	Château d'eau	Tour

Un alignement est obtenu quand on a, sur une même ligne, deux objets ou amers fixes, visibles l'un par l'autre.

Lorsque les 2 amers ne sont plus alignés, vous devez revenir vers l'amer le plus proche et corriger à la barre pour les maintenir alignés.

Alignement ouvert.

Alignement obtenu.

ARRIVER ET PARTIR D'UN QUAI

ACCOSTAGE D'UN QUAI ET AMARRAGE

Vous arrivez à petite vitesse, sous un angle de 30° environ par rapport au quai. Le bateau a été équipé de défenses ou de pare-battages.

Après avoir amorcé une légère manœuvre pour remettre le bateau en parallèle au quai, vous débrayez à quelques mètres de celui-ci.

Dans le cas d'un accostage sur tribord sans utiliser la marche arrière : vous avez mis la barre à gauche. Sur son erre, le bateau touche le quai par l'avant et votre barre à gauche a pour effet d'amener l'arrière contre le quai.

Si vous utilisez la marche arrière : la barre reste à gauche jusqu'à l'instant où vous passez au point mort. Durant le point mort, vous orientez la barre vers le quai, puis vous enclenchez la marche arrière. Cette manœuvre plaque l'arrière du bateau contre le quai et évite le choc de l'avant.

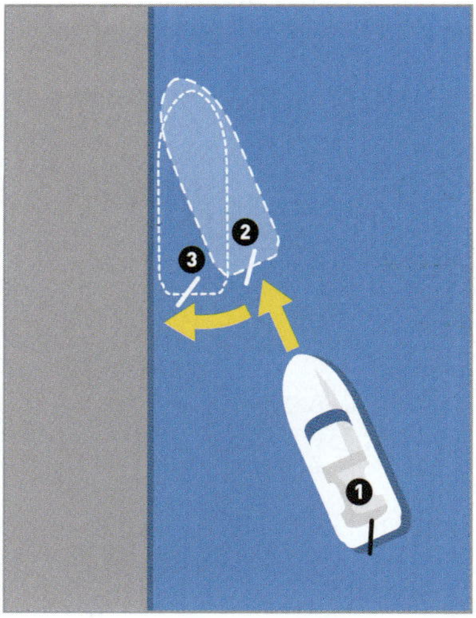

Dans le cas d'un accostage sur bâbord : au moment où l'avant va toucher le quai, vous donnez un léger coup de marche arrière avec la barre orientée vers le quai. La manœuvre fait coller l'arrière au quai. Si l'angle d'approche n'est pas trop important, la manœuvre peut s'exécuter sans utiliser la barre, le coup de marche arrière suffit.

Sans descendre, vous fixez d'abord le bateau sommairement au quai, latéralement. Vous descendez améliorer l'amarrage en plusieurs points si nécessaire. Vous pouvez alors arrêter le moteur en coupant le contact.

Pour amarrer votre bateau, vous devrez exécuter rapidement un nœud marin. Les amarres se préparent avant d'arriver au quai. De même, on les dispose en double pour quitter le quai en les manœuvrant du bateau.

NŒUD DE CABESTAN

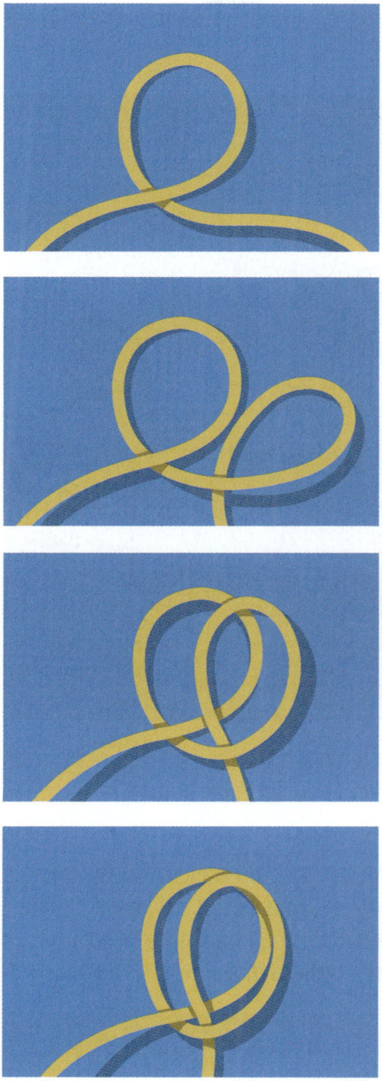

NŒUD DE CHAISE

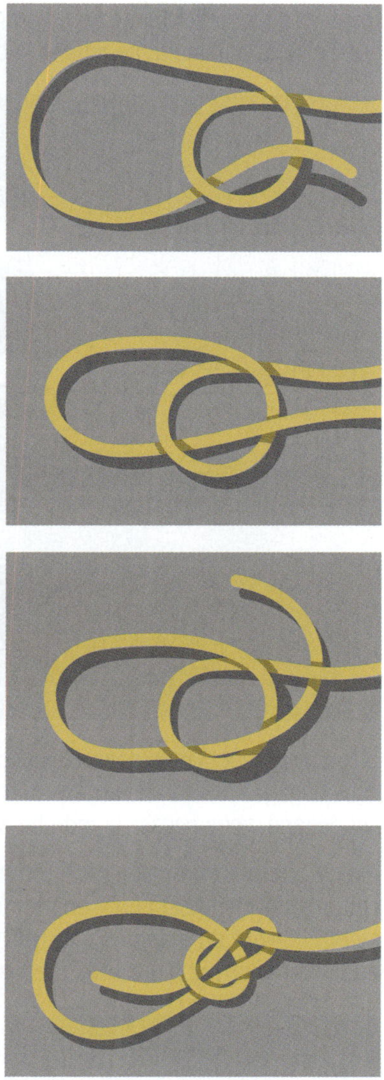

APPAREILLAGE D'UN QUAI

Après avoir largué les amarres, écartez-vous du quai en le repoussant de la main ou de la gaffe. Mettez en marche avant lentement, de manière à éviter que l'arrière du bateau ne touche le quai.

Si le bateau est plaqué contre le quai par le vent ou le courant (figure a), vous vous dégagez en marche arrière, la barre côté du large puis, lorsque le bateau est dégagé, vous passez la marche avant.

Avec vent ou courant de face (figure b), on peut se passer du moteur, le courant étant suffisant pour écarter le bateau. Vous larguez d'abord l'amarre avant. L'avant du bateau s'écarte. Veillez à ce que l'hélice ne heurte pas le quai. Vous pouvez alors vous mettre en marche avant.

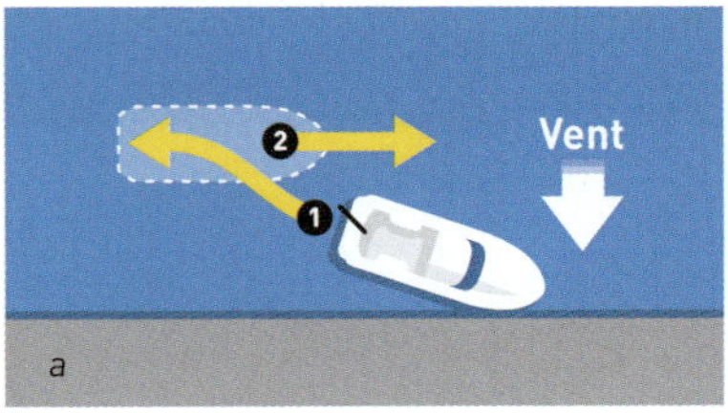

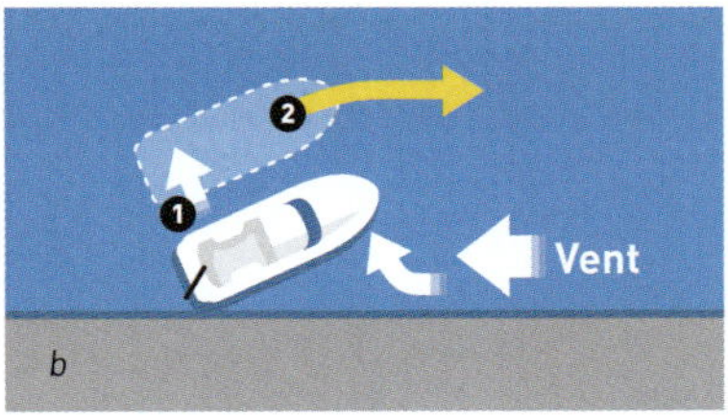

SUZUKI

SUZUKI
EOLIS

SUZUKI
EOLIS
BX D13787

EOLIS
BX D13787

PRENDRE UN COFFRE

Arrivez au coffre, face au vent ou au courant avec une vitesse faible, à l'allure juste suffisante pour demeurer manœuvrant. Attrapez l'œil de la bouée de corps-mort, montez-la à bord, tirez sur le cordage ou la chaîne en les faisant passer par le chaumard avant et tournez le cordage au taquet. Stoppez ou mettez au point mort.

MOUILLER ET ANCRER

Il faut dans un premier temps, préparer la ligne de mouillage (longueur de chaîne égale à 3 fois la profondeur). Vous devez stopper le bateau face au vent (ou au courant) et laisser descendre l'ancre jusqu'au fond. Le bateau dérive dans le lit du vent et la chaîne se raidit. Vérifiez la tenue du mouillage en observant un amer latéral.

Pour relever l'ancre, vous procédez à l'inverse, en évitant de lancer le bateau trop rapidement. Lorsque la chaîne est « à pic », vous devez vous apprêter à embrayer. L'ancre est dérapée, rincée et rangée dans son coffre.

RÉCUPÉRER UNE PERSONNE TOMBÉE À L'EAU

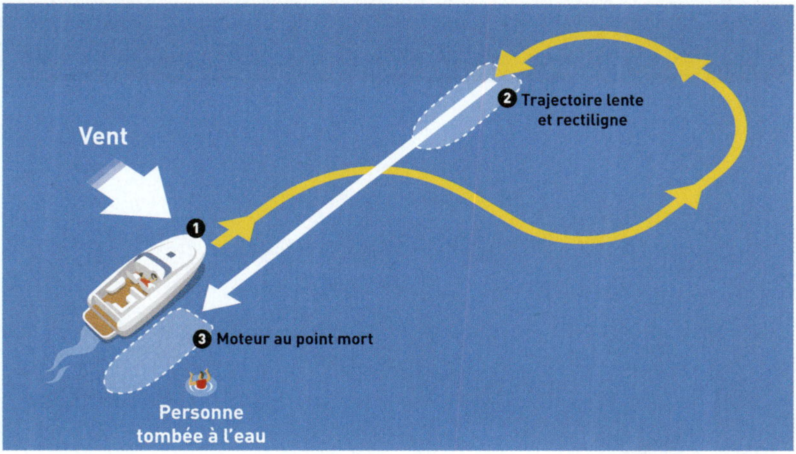

Après avoir noté la direction du vent dominant, vous vous éloignez pour faire un demi-tour en vous positionnant « au vent » du naufragé. Le naufragé se retrouve ainsi « sous le vent » du bateau, vous pouvez ainsi venir à son contact.

Stoppez immédiatement et lancez la bouée fer à cheval vers l'homme à la mer (dans le cas simulé pour l'exercice de repêchage, c'est la bouée qui sera repêchée).

- N'embrayez que si l'homme à la mer est éloigné du bateau. Il est recommandé d'effectuer une boucle, et de venir sur l'homme sur une trajectoire lente et rectiligne.
- Évoluez de manière à vous présenter au vent par rapport au naufragé.
- Repassez au point mort. Une bonne appréciation se termine par un bateau arrêté, au vent du naufragé.
- Ne pas embrayer la marche avant ou arrière à proximité d'un réel naufragé. C'est le risque de le voir entraîné dans les remous de l'hélice.

INDEX

Lors de votre formation au permis plaisance option côtière, vous avez appréhendé les bases de la navigation maritime. Vagnon vous encourage à vous rapprocher de votre centre de formation pour vous perfectionner et approfondir vos acquis.

Tous nos manuels sont à votre disposition pour naviguer en toute sécurité.

Et surtout, n'oubliez pas votre gilet de sécurité !